清史九講

清史九講

內藤湖南 著

武瓊 譯

香港中和出版有限公司
www.hkopenpage.com

目　錄

第一部分　清史通論

第一部分

清史通論

乾隆帝親耕

第 1 講 帝王及其內治

　　本次京都大學的夏季講座，我將以「清史」為題進行演講。時間總共不過十二小時，只夠講講它的輪廓梗概。即便是輪廓梗概，要想把歷朝歷代的史實一一羅列，十二小時也遠遠不夠。因此，市面上流傳的清史著作中出現的內容，我儘量不贅述。最近幾年，我寫了兩本小書，分別是《清朝衰亡論》和《論中國》。《論中國》雖並非盡論清史，但中國歷史的近代部分卻多為清朝之事——諸如此類，我也儘量不重複論述。此外，我的好友稻葉岩吉①近年寫了一本《清朝全史》，對清朝的政治、戰爭以及其他大事均有論及。上述著作中出現的內容，我也無意多敘。演講時間很短，只能陳其大概。為了讓諸位不至於聽完就忘，我儘量將材料直接呈現給大家，

---

① 稻葉岩吉（1876—1940），號君山，日本歷史學家，師從內藤湖南，研究主攻中國的清史、東北史和朝鮮史，著有《清朝全史》等。——譯者注

以便大家過目後能加深印象。近年來，清史史料急劇增加。放在十五年前，即使想做研究，我也苦於材料匱乏，束手無策。如今，由於各種原因，材料日漸增多，尤其是中國發生辛亥革命後，各種材料更是紛紛面世。我想順便做個實驗，看看憑藉我們的力量能收集多少材料。1915 年 7 月 20 日，我從東京回來後，便着手在極短的時間內收集材料。在本校富岡謙藏 ① 老師（今天也來到了現場）等人的幫助下，雖然材料勉強收集來了，但我這十多天全在整理材料，沒有時間在演講之前查證歷史研究中的疑點。演講雖然有些粗糙，只是陳其大概，但我還是希望講完以後，能給大家留點兒東西。因此，我會把每天演講的提綱、要點打印出來，發給大家。今天是第一天，演講的提綱、要點才發給大家。從明天開始，我會提前一天把第二天演講的內容發下去。希望大家能把這炎炎夏日的午休時間利用起來，提前把材料看上一遍，第二天再來聽講座。以上是我想預先交待的事情。

---

① 富岡謙藏（1871—1918），日本考古學家，曾任教於京都大學，是日本知名文人畫畫家富岡鐵齋之子，著有《古鏡研究》等。——譯者注

清史的相關著述

　　在第一部分，我將從清史的相關著述講起。眾所周知，清帝退位不過三四年，尚屬新近之事。因此，相關史料非常多。不過，大部分史料還都沒有整理。當然，中國的史料記錄制度十分完備。日積月累的大量史料都會逐步得到整理。譬如，歷史上每有皇帝更替，繼位者都會命史官纂修先朝實錄。綱目中「史料之豐富」項下雖然列舉了不少書目，但除此之外仍有大量實錄沒有列入。實錄成稿後，官方的整理工作大體就算完成。可是，在清朝覆亡的不多時日裡，歷史學家甄選材料，重新編纂條理清晰、有生命力的歷史，還難成氣候。在中國，所謂的一朝正史告成之時，多數原始史料也將不復存在。如今，我們得以在史料尚未亡失之際研究清史，可謂十分幸運。與此同時，浩如煙海的史料讓人一籌莫展。相比之下，《明實錄》^① 就很簡略。前幾年，我曾請人抄錄《明實錄》的全部內容，卷數雖然很多，可換成日本的冊數，十幾代帝王只有七百餘冊。《清實錄》十倍於《明實錄》還不止，可謂卷帙浩繁。我們能否有機會一睹

---

① 《明實錄》是明代歷朝官修的編年體史書，記錄了從明太祖朱元璋到明熹宗朱由校共十五代皇帝、約兩百五十年的大量資料，具有重要史學價值，是研究明朝歷史的基礎史籍之一。——譯者注

《清實錄》的真容呢？這種機會曾經有過，但如今怕是很難了。幾年前，我去奉天^①等地考察時，凡感興趣的內容我都看過。我本想設法將這些材料全部帶回日本，但當時的政府認為這些無用的廢紙只會白佔船上的空間，所以沒有同意我的請求。因此，以上許多史料雖曾近在眼前，卻都白白錯過了。總之，這些材料有歸有之，如今卻很難看到，而研究也就變得越發困難了。材料的種類均列在「史料之豐富」項下，有「《滿文老檔》《三朝實錄》《方略》《聖訓》《國史列傳》《諭折彙存》」等。之後，我們會在那邊的展室看到各種實物資料。到那時我再稍作講解。

《清三朝實錄採要》《清三朝事略》是日本人依據確鑿史料研究清史的最早著作，特列於此。這兩本書是一百二十多年前與我同屬一個舊藩^②的永根鉉^③所著。永根鉉後來改名為北條鉉，或者一開始叫北條鉉也未可知。它們雖然只是實錄的摘要，卻能將清朝一些難讀的

①　瀋陽舊稱。——譯者注

②　江戶時代，封地在一萬石以上的大名，其領地及行政機構就稱為「藩」。明治時期，政府廢除全國各藩，統一為府縣，稱江戶幕府時代各藩為「舊藩」。——譯者注

③　永根鉉（1765—1838），字仲鼎，後改為元鼎，號冰齋，後改為伍石。他著有《清三朝實錄採要》，被視為日本清史研究之嚆矢。他在書法上亦有建樹，編有《集古帖》等。——譯者注

地名、人名準確讀出，簡明扼要，切中要點。中國摘錄
《清實錄》的著述有《東華錄》等，我列在了綱目的靠前
部分。與《東華錄》相比，《清三朝實錄採要》更得要領，
稍勝一籌。永根鉉是日本有志於研究清史的第一人，為
表其功績，特列於此。

　　回到「綱目」最開始列的《聖武記》（三種）、《湘軍志》
與《湘軍記》。這些只是歷史著述的兩三例。《聖武記》
由大名鼎鼎的魏源所著。在日本，《聖武記》被翻刻出版，
所以人人皆可求而得之。《聖武記》有三個版本，每個版
本各不相同，是中國人以全新思路梳理清史的權威之作。
《湘軍志》和《湘軍記》寫的是近來長毛賊①之事。《湘軍
志》由王闓運著，所記均為他本人的親身經歷，所以不僅
是在單純記述史實，而且是在揭露內幕，是近年來頗負
盛名的歷史著作。《湘軍記》由王定安著，所記雖然與《湘
軍志》相同，卻由於種種原因，遜色很多。

　　《聖武記》（三種）、《湘軍志》與《湘軍記》之後所列
的《東華錄》（兩種）是《清實錄》的摘要，雖然稱不上

①　清朝咸豐元年到同治三年（1851—1864）期間，洪秀全、楊秀清等人從廣
　　西金田村率先發起一場反對清朝封建統治和外國資本主義侵略的農民起義
　　戰爭，此處「長毛賊」指的就是太平軍。內藤湖南通篇演講都以「長毛賊」
　　稱「太平軍」，以「長毛之亂」稱「太平天國運動」，為使讀者更直觀地了解
　　作者的史觀，特採用「長毛賊」的譯法。──譯者注

是甚麼著述，但對那些看不到實錄的中國人和日本人而言，作為研究材料卻大有用場。諸如此類的史料各種各樣，當然，除此之外仍有很多材料。即便只看手頭拿到的材料，也已經相當吃力。所以，清史研究絕非易事。

清朝編修兩百多年的明朝歷史，花費大約六十年。清朝的史料十倍於明朝，若用六百年編史，則比清朝的存續時間還長，實在是曠日持久。不過，中國人修史也不好說。如今，在袁世凱政府的領導下，中國成立了清史館着手編史，如果全力以赴，十到十五年或許就能完成。明初編修元朝一百幾十年的歷史，用時僅僅不到一年，可見快有快的辦法。如仿此例，兩百多年的清史說不定兩三年就能告成。然而，史料從來都是交由中國人研究。我們要想拿到這些史料幾乎毫無希望。所以，我們現在只好做些力所能及的事情。今天，我先講講近來我研究的大體情況，儘管研究仍然未見頭緒。

我把這一講的標題定為「帝王及其內治」，其實只有「帝王」也是可以的。全民參與政治已經成為世界大勢，中國如今也實行了共和政治，我又為何在講清史時特意以帝王為題呢？這是因為帝王在清朝的政治中佔據極其重要的地位。講到後來，我們便能漸漸看出，清朝的政治除了帝王幾乎所剩無幾。在別的朝代，除帝王之外，宰相等人也在政治中佔據重要地位。明太祖朱元璋因顧

忌宰相的弊害而將其廢除。從此，朝中便再無宰相。然而，在明朝數代皇權交替當中，遇到幼主繼位時，便又會產生對宰相的需求。於是，雖無宰相之名但行宰相之權的內閣大學士等官職便應運而生了。然而，清朝的內閣大學士卻徒有虛名，基本不能發揮宰相的作用。清朝出現幼主時，曾有攝政王及皇太后主政，卻從未有宰相主政。輔政大臣在皇帝年幼之時主政的事也是有的。不過，輔政大臣雖然類同宰相，但到了皇帝能夠獨當一面時就被撤下。於是，大權重新歸了皇帝。這就是清朝政治的特殊狀態。基於皇帝是清朝的一大政治要素，所以我很有必要以「帝王」為題來講一講。

清朝歷代帝王及攝政王、訓政太后

接下來進入第二個標題。「綱目」中列出了清朝歷代帝王的名字。靠後些的德宗景皇帝就是光緒帝。光緒帝之後的宣統帝退位以後，便是今日的情形了。那邊的展室有些帝王的墨跡陳列。

再下邊的「入關前的二帝」是指太祖高皇帝努爾哈赤和太宗文皇帝皇太極這兩代帝王。所謂入關，是指清朝從滿洲根據地進入北京。因須經由山海關這個關隘，故稱之為「入關」。入關以前，二帝起於滿洲山中，即現在奉天以

東三十里 ① 的赫圖阿拉。歷經兩代四五十年的時間，清朝勢
力急劇擴張，兵至山海關以東十幾里。但山海關以東十幾
里內仍是明朝的勢力範圍。當時，明朝有個叫李自成的賊
寇起事。李自成的勢力不斷發展壯大，最終從西繞道至居
庸關，兵臨北京。明朝最後一位皇帝統治時期，即崇禎年
間，李自成攻陷北京。崇禎帝在北京城內的景山自縊而亡。
明朝當時為平定內亂，撤下了山海關的防守兵力。清軍便
趁機從滿洲揮師，入主中原。這時，清朝的開國二帝 ② 已經
駕崩。第三位皇帝順治帝即位，年僅七歲。攝政王睿親王
多爾袞率領大軍進入北京後，迎接順治帝入京。最不可思
議的是，清朝當年攻下北京的是攝政王，如今在北京退位
的仍是攝政王 ③。可謂始於攝政王，終於攝政王。在清朝的
制度下，親王攝政非常普遍，皇太后攝政卻非理所應當，
更沒有人臣攝政一說。人臣攝政稱為輔政。康熙帝玄燁八
歲即位時，輔佐他執政的便是輔政大臣。雖然制度如此，
可最後的西太后慈禧卻行了攝政之實。文宗顯皇帝——咸
豐帝駕崩後，雖然其弟恭親王奕訢接管政務，但咸豐帝遺

---

① 里，長度單位，一里等於一百五十丈，合五百米。——譯者注

② 即清太祖高皇帝努爾哈赤和清太宗文皇帝皇太極。——譯者注

③ 即清朝末代皇帝溥儀之父醇親王載灃（1883—1951）。宣統帝即位後，
載灃擔任監國攝政王，試圖延長清政府的壽命，辛亥革命爆發後被迫辭
位。——譯者注

順治帝

詔指定的顧命大臣實則另有其人。其中的主要重臣有同為
清朝皇族的肅順。此外，還有一位叫端華的親王。不過，
肅順最受咸豐帝喜愛，得以承其遺詔。當時，西太后慈禧
還不是真正的太后。真正的太后是東太后慈安。兩位太后
聯手殺掉肅順，奪取了政權。最初雖是東太后慈安掌權，
可後來權力逐步轉移到了西太后慈禧手中。西太后慈禧是
近世之人，其政治能力之卓越超群可謂人盡皆知。雖然東

康熙帝

太后慈安是咸豐帝的正妻，西太后慈禧不過是個妾室，但東太后慈安的學識有限。大臣把奏折呈遞上來時，東太后慈安並無法親自閱覽，做出裁決。而西太后慈禧卻能親自批閱奏折，做出決斷，向內閣大學士或軍機大臣等人下達命令，因而逐步掌權。又因為西太后慈禧是同治帝的生母，最終得以登上太后之位。西太后慈禧掌權時代，得益於她卓越的政治能力，清朝曾一度中興。

西太后慈禧

　　皇帝的情形大體如此。這裡，我想再講講第一位攝
政王睿親王多爾袞。今天的聽眾當中，有一位來自福井
的上田同學。去年我去了福井，就攝政王睿親王多爾袞
的事情做過一番調查。有趣的是，就在清朝從滿洲攻入
北京的那年，日本越前三國對面的新保村裡有位船長出
航。這位船長本來要去松前，結果卻去了滿洲。很多人
慘遭滿洲當地人殺害，只剩下十三人被送往奉天，並在

滿洲八旗軍從奉天向北京轉移時，一併去了北京。當時
的人們還稱攝政王睿親王多爾袞為「九王」，意即第九位
王爺。攝政王睿親王多爾袞此前就在北京，而順治帝是
後來從奉天移駕北京的。攝政王睿親王多爾袞親自召見
了這十三人，感慨他們從日本漂流至此也挺可憐。其他
親王們也覺得這些來自日本的人非常稀奇，還叫他們去

多爾袞

唱歌、喝酒。這些以竹內藤右衛門①為首的越前新保村的漂流民回到日本之後，便把清朝剛剛攻破北京時的情形記錄下來，寫成了《韃靼物語》。我從去年開始就想寫一本關於此事的書，研究雖大體完成了，但還未落到紙上。總之，確有這麼幾個有此奇遇回到日本的人。如今在北京看到清帝退位也沒甚麼可稀奇的，可當時看到清軍剛剛攻破北京卻着實稀罕。這些漂流民回到日本後，還被叫到江戶幕府問過話。我查閱他們的漂流日記時看到，還有人學會了幾句滿洲話和中國話。其中還提及他們拜見攝政王睿親王多爾袞時的情形，説道攝政王睿親王多爾袞體形消瘦，慈眉善目，與真實的攝政王睿親王多爾袞氣質十分相符。攝政王睿親王多爾袞體弱多病，年僅三十九歲便與世長辭。攝政王睿親王多爾袞雖然出身滿洲蠻荒之地，卻在政治軍事方面能力超群。當時中國很多賢士良才都為他所用。而且攝政王睿親王多爾袞能聽取漢人之言，一入北京便採用漢人的政治體制。他沒有按照滿洲的行事風格為難漢人，而是採用漢制，任用漢官，力圖恢復秩序。攝政王睿親王多爾袞雖然在北京攝政不過六年，卻在此期間幾乎平定了整個中國。如

---

① 竹內藤右衛門，日本越前國（今日本福井縣）商人。1644 年，竹內藤右衛門等五十八人出海，前往松前，途中不幸遇難，漂至今俄羅斯博西耶特灣。十五名幸存者受清政府保護，於 1645 年被送回日本。——譯者注

上所述，攝政王睿親王多爾袞的政治能力十分卓越。而清朝最後一位攝政王載灃則遠不及他，或許這也是致使清帝不得不退位的一個原因。另外，最後一位攝政王醇親王載灃與攝政王睿親王多爾袞的政治手法幾乎完全相反，這些我們以後再講。

清朝帝王的特點及其原因

第三部分是「清朝帝王的特點及其原因」。之前已經提到，君主獨裁是清朝政治統治的一大特徵。此外，每位皇帝也各自有各自的特點。這一點大家可以先有個了解。至於其原因，我也會在稍後講到。

清朝帝王都有接受系統教育的傳統。該傳統雖非始於清朝建國初期，但早先就多少有這種傾向。這主要是因為帝位的繼任者並不是一開始就確定好的。太祖高皇帝努爾哈赤① 駕崩後，太宗文皇帝皇太極繼位。可太宗文皇帝皇太極即位之初並未獨掌皇權，且其他兄弟也非都位居人臣。太祖高皇帝努爾哈赤駕崩以後，朝中位高權重的共有四人，其中就有太宗文皇帝皇太極。清朝把

---

① 太祖高皇帝為努爾哈赤駕崩後追贈的廟號，為保留原著風格，未做刪改，後面類似表述均同此處理。——譯者注

努爾哈赤

相當於王侯地位的人稱為貝勒。當時的貝勒有大貝勒、
二貝勒、三貝勒，以及方才提到的太宗文皇帝皇太極，
即四貝勒。大貝勒代善是太宗文皇帝皇太極的親哥、太
祖高皇帝努爾哈赤的次子，後被封為禮親王。二貝勒阿
敏是太祖高皇帝努爾哈赤的姪子，和太宗文皇帝皇太極
是堂兄弟，後被革職削爵。三貝勒莽古爾泰是太宗文皇
帝皇太極的哥哥，後來也被革職削爵。剩下的就只有四

貝勒太宗文皇帝皇太極了。太祖高皇帝努爾哈赤駕崩不
久後，四大貝勒共享皇權。正月朝賀之際，四大貝勒都
面朝南坐，接受群臣叩拜。其中，四貝勒在軍中的聲望
最高。軍中聲望高者自然得勢。四貝勒因此逐漸壯大勢
力，最終如日中天。帝王之位非他莫屬。這時，二貝勒
阿敏先是在出征朝鮮時犯下過失，之後征伐中原時雖曾
繞道山海關後方，攻入長城，卻在歸途釀下大錯，最終

皇太極

被革職削爵。再說三貝勒莽古爾泰，他因當年處心積慮
想要獨佔皇位，而與四貝勒太宗文皇帝皇太極交惡。三
貝勒莽古爾泰死後，軍中頗有聲望的太宗文皇帝皇太極
大力搜集證據，削其子孫勢力。大貝勒與四貝勒一樣，
在軍中也很有威望。大貝勒之子薩哈廉十分聰敏，認為
四貝勒掌權是大勢所趨，勸說其父放棄皇位。因此，大
貝勒雖為兄長，最終仍決定擁護四貝勒。繼位五年後，
四貝勒開始獨享皇位，受人臣拜謁。大貝勒也位列人
臣，行拜謁帝王之禮。不過，這些並非太祖高皇帝努爾
哈赤生前所願。總的來說，蒙古人或滿洲人的習俗是幼
子繼位，和日本的長子繼承制正好相反。所以，太祖高
皇帝努爾哈赤其實是想傳位於我們之前提到的九王，也
就是之後的攝政王睿親王多爾袞。攝政王睿親王多爾袞
是當時太祖高皇帝努爾哈赤新任大妃①的兒子，十分聰
穎伶俐。太祖高皇帝努爾哈赤很想傳位於他。但大勢所
趨，最終由四貝勒繼位。由此可見，皇位繼承充滿了不
確定性。太宗文皇帝皇太極駕崩後，肅親王豪格雖然貴
為長子，卻由太宗文皇帝皇太極的第九子繼承了皇位。

①　即烏喇那拉・阿巴亥（1590—1626），孝烈武皇后，太祖高皇帝努爾哈赤
　　第四任大妃。孝慈高皇后去世後，孝烈武皇后被立為大妃，為太祖高皇帝
　　努爾哈赤生下三子，即第十二子英親王阿濟格、第十四子睿親王多爾袞、
　　第十五子豫親王多鐸。——譯者注

孝莊皇太后

肅親王豪格就是如今逃往旅順這位肅親王 ① 的祖先。當
時的肅親王豪格已經立有戰功，卻為何讓六歲小兒繼承
了皇位呢？這可能與宮闈大有關係。因為順治帝的母

---

① 即善耆（1866—1922），清朝貴族，歷任民政部尚書、理藩大臣。辛亥革
　命爆發後，他與川島浪速發起滿蒙獨立運動，以失敗告終。有「東方瑪
　塔・哈麗」之稱的川島芳子就是善耆之女。——譯者注

親、太宗文皇帝皇太極的皇后後來下嫁給了攝政王睿親王多爾袞。一國皇后或皇太后改嫁他人着實不可思議，因為當時距離滿洲民風淳樸的時代尚不算久，所以這種事情才會發生。《清實錄》當中就記載有攝政王睿親王多爾袞初被稱為皇叔父，後來進而被尊為皇父之事。在保存下來的當時的科舉考卷中，也能看到皇父這個表述。所以，人們認為，攝政王睿親王多爾袞是因為與順治皇帝母親的關係，才擁立順治當上皇帝。這種事情畢竟不太光彩，所以繼承大統之人不能確定也未見得是甚麼好事。

康熙帝時，清朝已經入主中原。雖然康熙帝冊立過太子，但太子因犯下過失被廢。當時朝中議論紛紛，都在商討再立太子之事。甚至有人不畏觸犯龍顏，直言進諫，稱一國之君不能不立太子，不過都未被皇帝採納。如此，清朝有了不立太子的家法，眾多皇子一齊接受教育。《綱目》中所記「上書房讀書」就是指在上書房裡，眾多皇子誰也不知未來誰將成為儲君，一起接受相同的教育。關於清朝立儲制度還有一種傳言——皇帝如果認為立儲的時機成熟，並有繼承大統的屬意人選，便會寫下他的名字，藏於正大光明殿中書有「正大光明」四字的匾額後方。皇帝未頒遺詔駕崩的情況下，顧命大臣打開它便可得知繼位人選。皇帝若是壽終正寢，尚可留下立

鼇拜

誰為儲的遺言；但若是皇帝突然駕崩，便需打開匾額後
的遺囑來定。總之，清朝一般不提前冊立太子。眾多皇
子尚在年幼之時，便都成了皇帝候選人，因此從不貪玩
任性，而都奮發苦讀，鑽研學問，接受嚴格充分的教育。

　　我們接下來看「各個帝王的文事」。其下列舉了很多
事例。儘管清朝作為夷狄入主中國，可歷代皇帝卻十分

長於文事。這些證據都已在展室展出，各位一看便知。

我們首先來看「崇尚漢俗的順治帝及其遺詔」。順治帝二十四歲便英年早逝。他對中原文化推崇備至，令滿人心生不滿。從滿洲來到中原以後，順治帝目睹中原文化之先進發達，被其深深折服。明朝滅亡以後，明末遺臣作有《萬古愁曲》，傷懷故國。順治帝十分喜愛這首曲子，時常吟唱。身為奪取明朝天下的皇帝，卻對亡明抱有一顆同情之心。順治帝如此偏愛漢族，自然讓滿人十分不滿。二十四歲時，順治帝雖是突然駕崩，卻仍留有遺詔。遺詔當中列有二十幾條，主要都在反省自己偏愛漢人，疏離滿人的行為。這份遺詔也可能是皇帝駕崩以後，他人為改先皇政策，事後編造，代寫而成的。總之，順治帝甚至需要在遺詔中反省偏愛漢人，由此可見其偏愛漢人之甚。

順治帝駕崩後，康熙帝八歲登基，由大臣鰲拜輔政當國。康熙帝尚年幼時，便顯露雄才大略，智擒手握重權的輔政大臣鰲拜。因對鰲拜十分不滿，康熙帝還是個孩子時，便想出一計將其除掉。十三歲那年，他召集一群身強力壯的孩童，終日陪他摔跤嬉戲。一日，他看不慣的這位輔政大臣來覲見時，康熙帝便命令這些孩童將鰲拜捆綁起來，懲其罪責。如此，康熙帝幼年時期便初顯才略。清朝平定中原以後，第一次叛亂爆發之時，康

熙帝更是大顯身手。明朝舊臣吳三桂、尚可喜和耿精忠
都曾為清朝效力，受封為王，封地十分遼闊。這三位明
末以來戰功纍纍的藩王舉兵反清時，清王朝的老將大多
已經不在人世，幾乎無人可與之抗衡。因此，清軍起初
全被三藩打敗。當時的康熙帝雖是弱冠之年，卻制定了
全部的作戰方略，每天批閱上百道奏折，逐一向身邊的
大學士下達命令，指揮若定。因此，清朝兵力雖然屢弱，

康熙帝戎裝像

卻因戰略得當,得以平定歷時七年的三藩之亂。康熙帝
志存高遠,並不僅僅因為入主中原,便唯中原文化馬首
是瞻。當時,西洋已有傳教士來到中國。康熙帝從西洋
傳教士那裡學到很多西洋知識,胸懷博採世界知識、建
立偉大帝國的宏圖大志。當然,中國人的宏圖大志多少
有些消極的地方。但蒙古準噶爾部掀起叛亂時,康熙帝
曾下詔親征。展室裡展有《親征朔漠方略》一書。書中
記有康熙帝親征的詳情。再說知識。除漢學以外,康熙
帝還學習外語,精通數學,鑽研天文。雖然富貴人家用
來消遣的技藝能有多麼精通尚不好說,但康熙帝的確對
這些事物饒有興趣。他知識廣博,胸懷建立世界帝國的
宏圖大志。正是由於康熙帝的這些特點,清王朝的政權
根基才得以逐步穩固。

　　接下來看「雍正帝的禪機、文字獄、《朱批諭旨》、雄猜
之主」。康熙帝處理政務範圍極廣,而雍正帝則長於精耕細
作,嚴肅治國。雍正帝的皇位並非早就確定好的。雍正帝的
兒子乾隆帝幼時便聰穎機敏,氣度不凡,能力超群。康熙帝
是想傳位於這個孫兒,才讓雍正帝繼承了皇位。雍正帝久居
親王之位,用心留意之處多有不同,對地方官員觀察入微。
因此,他成為皇帝以後,非常擅長偵探政治,對群臣之事了
如指掌,行事手段陰狠至極。雍正帝與兄弟之間的關係,
好則極好,壞則極壞。關係不好的,他就橫加惡名,百般折

雍正帝

磨；關係好的，他則格外優待，榮寵備至。學問方面，雍正帝早年便喜愛佛教，也對喇嘛教做過一些研究，但尤其醉心禪宗。如今北京雍和宮的這座喇嘛寺院就是雍正帝即位之前的住所。康熙王朝之後，在清朝的壓迫統治下，一些漢人開始不時發些牢騷和不滿，其中尤以學者最甚。學者們時常寫文作詩，暗諷清朝為夷狄之邦。因此，雍正時期大興文字

獄。數起慘案當中，最有名的是呂留良案。雍正帝雖然是個
政治偵探家，但較之日本的政治偵探家卻很有肚量。他對政
治偵探的結果從不保密，而是統統公之於眾，這也正是雍正
帝的過人之處。漢人寫文章大罵清朝時，他不僅不會秘而不
宣，反而親自執筆，一一反駁：你或許執此一詞，可道理是
如此云云。《大義覺迷錄》就是一本有名的辯駁書。這本書

雍正帝穿喇嘛服坐禪

是雍正帝針對呂留良言論所作的批駁，也陳列在展室當中。皇帝寫臣子之事，可謂稀奇。由此也可以看出雍正帝的開明之處。總之，他是一位既險惡又開明的皇帝。雍正帝還命人編撰《朱批諭旨》，收錄他用漢文在奏折上所做的批示。通常，皇帝批示奏折只需一兩行，可雍正帝的批示大都很長。這就是所謂的「朱批」。這些「朱批」還被特地印刻出來，以為後世樹立政治典範。雍正帝生性多疑，在政治上極盡嚴苛。清初，朝廷沿襲明制：地方官員除向朝廷上交租稅以外，還要向百姓加收銀兩。加收部分多被官員私吞，積習已重。到了雍正帝時期，雍正帝命令官員把收來的租稅悉數上交朝廷，掏空地方官私囊的同時，給他們撥發養廉銀。養廉銀實際上是除每月官俸以外，防止官員貪腐的特別補貼，條件是官員要把從百姓手中徵收的租稅全部上交皇帝。從那時起，皇帝的收入大幅增加。可到後來，雖然官員全部上交從百姓那裡徵收的租稅，卻依舊橫徵暴斂，中飽私囊。養廉銀雖然切實增加了朝廷的收入，但在鼓勵官員廉潔方面的成效並不顯著。康熙帝雖雄圖大略，卻也清貧度日。自雍正帝之後，國家才開始變得富裕起來。雍正帝時期雖然尚不明顯，可再到下一代時國家已經非常富足。

雍正帝之後，乾隆帝繼承皇位。乾隆帝二十五歲登基，在位六十年，禪位以後又活了四年左右，八十幾歲逝世。他自幼長於文事，對此也頗為得意。乾隆帝相信，

乾隆帝

只要是漢人學者能做到的，自己也能做到。他吟詩作
文，樣樣通曉。據說，乾隆帝經常在詩文中引用生僻典
故，拿去考漢人學者。如果對方不知道這些典故，他便
喜不自禁，以此炫耀自己淵博的學識。雖然太平盛世多
有這種皇帝，但乾隆帝還是很多才多藝的。考慮到自己
出身滿洲，乾隆帝也大力提倡學習滿文。當時滿文已經
日趨衰微。乾隆帝為復興滿文，曾命人編修字典，採取
各種方法鼓勵人們學習滿文。譬如，乾隆帝規定，無論
是漢人還是滿人，要想進入翰林院，就必須懂滿文。一
個人縱有八斗之才，如果不懂滿文，也不得入翰林院。
後來，乾隆帝逐步平定蒙古。不同於雍正帝的是，乾隆
帝與漢人一樣，尊崇儒教，不信佛教。此外，乾隆帝為
懷柔蒙古各部，曾強調學習蒙語的必要性；因為西藏的
喇嘛教，他開始學習藏語；平定說回語的種族以後，他
開始研習回語。至於結果如何，我們留到明天再講。總
之，乾隆帝對所有平定之地的語言都有所研究。他曾自
豪地寫道「所有語言同宗同理」。乾隆帝自恃對治下之國
的情況了如指掌，在位期間做了很多事情，卻也讓諸多
政策矛盾重重。如前所述，他一方面優待滿洲八旗，將
政治軍事上的重要工作交由滿人去做，力圖振興滿洲；
另一方面又崇尚漢族文化，潛心漢學。

　　乾隆帝是將中國盛世推向顛峰的皇帝。乾隆時期可

謂清朝的黃金時代。六十年的極盛之時過後，清朝便日
漸衰微。清朝的歷代皇帝都有其御製的文集和詩集。雖
然其中也有一些不是自己所寫，但從康熙、乾隆時期，
再到之後的嘉慶、道光、咸豐時期，所有皇帝都有自己
親作的文集和詩集。其中不僅有他們作為一朝皇帝寫下
的作品，也有即位以前的作品。綱目中「潛邸的全集」就
是皇帝即位以前的作品。下一項是「欽定書籍之多」。欽
定書籍究竟有多少，我尚未逐一查證。但之前提到的禮

乾隆帝在御書房研習儒家經典

親王代善的後世子孫當中，有一位十分精通清朝典故之人。此人寫有一本《嘯亭雜錄》，其中就曾列舉書目，說明欽定書籍數目之繁多。即便如此，書中所列仍不完整。

如上所述，清朝各代皇帝都長於文事。我們不妨拿清朝與明朝做番比較。明太祖朱元璋是個爭強好勝之人，雖出身乞丐，當過賊寇，但登上皇位以後也要學作文章。他常常把自己文筆拙陋之作拿去請文人學者潤色，潤色過度便勃然大怒。明朝《高皇帝御製文集》現今依然保存完好，雖然多有晦澀拙劣之處，卻也留下這麼一本文集。後來的明宣宗則潛心學問，造詣頗深。儘管明朝由文化積澱深厚的漢族統治，但清朝皇帝的文才較之卻更勝一籌。臣子呈遞上來的奏疏，皇帝儘量親自批注。明朝皇帝的朱批大多都是大白話，甚至還有髒話。而清朝皇帝則斷然不會如此，其朱批都是經過潤色的漢文，且文采斐然。

不過，這些事情有利有弊。力倡文治的成果是，康熙帝時編成一萬多卷的《古今圖書集成》在欽定書籍當中亦屬鴻篇巨製；乾隆帝時編纂的叢書《四庫全書》冠絕古今。這都是文治功績的傑出體現。「綱目」中還寫有「違礙書目及其實例」。清朝在編纂《四庫全書》時，一旦發現明代或清初書中有詆毀清朝的字句，如出現夷狄之類的表述，便盡數刪改銷毀。也就是說，編纂《四

庫全書》的同時，也生產了一些不好的「副產品」。違
礙書目是指把觸犯朝廷忌諱的書單發放下去，如果有人
發現上面所列書籍，便須交由朝廷銷毀。由於實際無人
執行，朝廷只好屢次下旨重申，但依舊收效甚微。給大
家舉個實例。我手頭有一本書，目錄部分印有皇帝的詔
令內容，稱本書有部分內容忤逆犯上，相應部分已經刪
除。可我實際去看時，發現這部分內容其實還在。可能
只要目錄部分標明刪除，朝廷就不會再去細查。儘管清
朝對禁書的取締不夠徹底，但仍有許多書籍銷聲匿跡。
一些早年傳入日本的書籍由於被列入違礙書目，在清朝
看不到，卻能在日本看到。再下邊的《武英殿聚珍版叢
書》也是編纂《四庫全書》時所成。活字印刷雖然此前
就有，但到乾隆帝時利用更廣泛，從而有了這部《武英
殿聚珍版叢書》的誕生。以上所列便是清朝皇帝的特點
之一。他們雖都是夷狄之後，卻都崇文尚教，而且躬行
踐履。

　　接着來看「節儉、康熙帝的上諭」。據說，明朝時期
宮中宦官多達十萬餘人，到康熙帝時削減到僅剩四百來
人。從十萬人到四百人，裁減幅度可謂驚人。如此，清
朝宮中的開支用度減至明朝的十分之一、二十分之一，
甚至四十分之一。康熙帝時，宮中尤其提倡節儉。雖然
到後來，清朝國庫充盈，日漸奢華，但仍不及明朝那般

奢侈。明朝萬曆時期，僅皇太子成婚就從地方徵收了一千兩百萬兩白銀。總之，節儉是清朝的一大特點。

　　再下來是「寡鮮失德、嚴加管束內寵宦官」。清朝皇帝鮮有失德之人。相傳，明武宗朱厚照為了寵愛的女人，曾四處巡幸。而清朝絕無此事。此外，清朝對宦官嚴加管制，廢除了明朝的宦官機構。雖然西太后慈禧時，宦官有些專橫跋扈，但管制依舊很嚴。當時，有個叫安德海的宦官深受西太后慈禧的寵愛。安德海曾奉西太后慈禧的密令，前往湖南一帶辦差。而清朝以明朝為鑒，規定宦官不得擅出皇城，若有違者可就地正法。因此，安德海途經山東時，時任山東巡撫的丁寶楨便痛下決心要抓捕西太后慈禧的這位寵臣。然而，士兵和知府都有所顧忌，不敢近安德海的身。最終，士兵只把他捉拿起來押至山東。巡撫丁寶楨將其就地正法，並上奏朝廷說，安德海謊稱受朝廷之命，擅出皇城，已經正法。可見，西太后慈禧這般寵信宦官的時期，也因有相關制度，能對宦官嚴加管束。與明朝相比，清朝皇帝失德之寡尤其明顯。此外，西太后慈禧日後囂張跋扈，也不是因為榮寵過厚。雖然西太后慈禧是咸豐帝之子同治帝的生母，但咸豐帝在世期間並未過多寵幸她。也就是說，西太后慈禧是因為身為皇帝的生母，才得以掌權得勢。咸豐帝等人從未因寵幸女人而使後宮權傾朝野。乾隆帝

時雖有少許苗頭，但總體而言，清室從未因女色和宦官事宜有失體統。綜上所述，失德寡鮮是清朝皇帝的特點之一。這也是他們雖以外邦入主中原，卻能實現長治久安的一大原因。

清朝政治的特點

清朝的政治有甚麼特點呢？清朝實行滿漢雙重的政治體制，其官員也是滿漢雙職。譬如，吏部尚書有滿人吏部尚書和漢人吏部尚書。左侍郎和右侍郎也分別有滿人左侍郎、漢人左侍郎以及滿人右侍郎、漢人右侍郎。也就是說，重要官職都是滿漢複設。另外，重要典禮的相關事宜都以滿漢兩種文字書寫。記錄和部分奏疏也都採用滿漢雙語。總之，清朝不厭其煩地推行滿漢雙重政治體制。此外，清朝還有很多與其他朝代不同的地方。中國歷代皇帝都要祭天，這是中國封建社會的一項傳統儀式。不過，滿洲另外建有一個叫「堂子」的地方，在此舉行祭祀儀式。這是滿洲的祭天之禮。雖然中原的祭祀儀式與滿洲的祭天之禮本質相同，但清朝既祭堂子，又沿漢俗祭天，把相同的事情做了兩遍。如此一來，經濟上可能有些浪費，可清朝國力強盛之時在其他方面十分節儉，這些事情倒也沒甚麼大礙。然而，滿漢雙重的政

治體制既是清朝政治的一大特色，也是諸多弊病之源。清朝政治的重中之重本為統治中國、統治漢人，只是附帶着管理滿人。可到了後來，居於統治地位的滿人勢力日益衰退；漢人勢力卻不斷發展壯大。滿漢之間矛盾叢生令滿人苦不堪言。這就是清朝政治走向衰微的一大原因。

此外，政治衰退還有一個原因。那就是下邊所列的「注重名聲（不講實惠），實行免稅」。清朝作為外邦入主中原，其歷代皇帝都有一個缺點，那就是施行政治時總把名聲放在第一位。清朝官員為政，最看重的就是他在當地的名聲。如果只是官員這樣倒也還好，偏偏皇帝也是如此。清朝蠲免地租，有時蠲免半數，有時甚至全免。雖然人人頌揚此種功德前所未聞，可老百姓實際上並得不到甚麼好處。因為百姓繳納的租稅當中，上交中央政府的只有極少部分，大多數都進了地方官員的腰包。雍正帝時，清朝租稅雖有整飭，但沒過多久便又恢復舊貌。雍正帝的政策反而加重了人民的負擔。因為實行免稅時，中央政府雖然做好了一年不入一文、用國庫餘額開支的準備，可靠搜刮民脂民膏度日的官員忍受不了。官吏當中，除剛正不阿的人、能領到養廉銀的人之外，還有很多胥吏。這些胥吏無薪無俸，居於人民與官府之間，靠撈取外快為生。他們沒有穩定收入，便只好去搜刮民脂民膏。朝廷免稅之後，胥吏總不能一年不吃

不喝，便開始巧立名目。因此，儘管繳納朝廷的租稅免
了，可進官吏腰包裡的卻免不了。

即便如此，朝廷還是屢屢實行免稅，只為讓百官歌
功頌德，頒發詔敕時好大書特書。這種現象並非清朝特
有，而是中國歷朝歷代的弊政積習，所以才導致了這種
只重名聲、不做實事的政治傾向。

我們接下來看「理想的獨裁制度、軍機處的創設（參
照《樞垣紀略》）」。之前我們也提過，獨裁制度在清朝時
達到了登峰造極的地步。明朝時期宰相被廢後，內閣大
學士便作為皇帝的秘書，開始承擔宰相之職。可雍正帝
設立軍機處以後，內閣名存實亡。皇帝從朝中重臣以及
中層官吏當中挑選自己的親信，召至軍機處聽命於他，
導致原來官署的官員無事可做。如此，軍機處的官員做
起了與秘書相同的工作。軍機處的軍機大臣不過是皇帝
的秘書長而已。也就是説，皇帝通過選調官員至軍機處
充當秘書管理政務，得以獨攬大權。如此一來，所有大
臣都無需再承擔任何責任。即便如今，日本內閣也有各
種責任問題。譬如內務省管轄範圍內出現紕漏，內務大
臣大浦子爵 [1] 便只能引咎辭職。可在中國，官吏卻沒有

---

[1] 即大浦兼武（1850—1918），日本政治家。歷任島根、山口、熊本各縣的
知事、警視總監、農商大臣、內務大臣等。——譯者注

真正的責任。當然，官吏觸犯法令會被撤職，觸怒龍顏也隨時會被撤職，但工作方面卻無需再對國家負責。獨裁制度之下，官吏只需聽命於皇帝行事即可。總之，這個清朝政治的一大特點有好也有不好，整體而言卻是不好多於好。

再下面是「優待學者、徐乾學編纂《一統志》、博學宏詞科（參照《鶴徵錄》《詞科掌錄》）」。可見，清朝政治也有優待學者等好的一面。中國這種文明古國除出仕為官的學者以外，常常還會產生大量的文人學者。如今，日本很多人從學校畢業以後，找不到謀生之路，引起社會的廣泛討論。而中國早在幾百年前便是這番光景了。中國人只要花錢就可以當上候補官員；再花點錢，還能從候補正式上任。如此一來，真正考試得中的人卻往往得不到實缺。而且，應試不中、在當地卻聲名顯赫的學者也大有人在。因此，中國人迷信地認為考試是命，有真才實學之人未必就能考場得意，考場失利也可能只是命運不濟。既然考試是命，有真才實學之人還大量留在民間，那就必須設法去安置他們。康熙帝就曾給寵臣徐乾學一筆錢，讓他召集眾多學者在太湖洞庭山編書。但這畢竟不是長久之計，後來他又開設博學宏詞科。即在普通文官考試之外，從地方考拔能文之士，令地方官員舉薦當地名士參加考試。雖然有些人不願應試，還有些

清末文官考試考場

人在應試的途中便雲遊去了，但總體而言，大多名士都
以此方式被籠絡起來。後來甚至出現一種傾向，認為考
取博學宏詞科比普通文官考試及第更榮耀。總之，清朝
設法籠絡考試失利、未能為官的學者，對其格外優待，
以保國泰民安，消弭民怨。不過，這些良策在國富民強
時尚還可行，在國貧民弱時便難以為繼了。

　　以上就是清廷的一些政治舉措。下面我還列出了它的
一些「弊病（參照《江楚會奏變法折》、對策等）」。清朝政

治上的沉痾積弊可謂層出不窮。清朝由於各種原因走上窮
途末路時，其百般弊病也一一顯露了出來，雖然有些是前
朝積弊。清朝末年，朝廷開始與各國往來。治一國便能平
天下的時代一去不復返。獨裁統治、注重名聲的那一套方

劉坤一

略治理一國或許還行，用於外交卻是漏洞百出。各種弊端日漸顯露之時，張之洞和劉坤一上奏《江楚會奏變法折》。劉坤一當時駐南京任兩江總督，故稱「江」；張之洞當時駐武昌任湖廣總督，故稱「楚」。二者合稱「江楚」，聯銜

張之洞

奏請朝廷改革弊政。其實，改革弊政的言論此前已有，但
具體呈現出來的還屬這份奏折。我還展出了一份關於考試
的改革方案。從中就可看出，清朝末年的考試早已流於形
式，名存實亡。總之，政治上的弊病不斷積存。直到清末
時，才有了張之洞和劉坤一的上奏求變。關於這些弊端，
我在《論中國》和《清朝衰亡論》當中都有記述。至於弊端
出現的原因，大家或許能從方才的交待當中猜個大概。

晚清的政治

接着我們來講講晚清的政治。我們首先來看「綱
目」中所列的「漢人的奮起」。由於地方官不負責任，
不肯在政治上有所作為，乾隆末年到嘉慶初年時，白蓮
教起義爆發了。白蓮教起義是一場藉助宗教迷信發起的
叛亂，前後持續九年都未能平定。雖然這只是個小規模
的民間起義，但地方官不負責任，即使派兵討伐也儘量
避免交兵，而是召集當地民眾讓其出戰。乾隆末年到嘉
慶初年，這種情況不勝枚舉。後來，當地百姓意識到不
能再指望朝廷派兵平亂，便開始自力更生，不斷發展壯
大，直到能以一己之力平定動亂，保衛家園。咸豐同治
時期，長毛作亂，清廷派兵多不能戰。真正平定這場叛
亂的就是綱目中列出的「曾胡左李彭」——曾國藩、胡林

翼、左宗棠、李鴻章、彭玉麟等人。他們率領鄉兵義勇奮戰，得以平定長毛動亂。當地民眾組織義勇兵，起初只是為了保衛家園，最終卻在曾國藩等的帶領下平定了長毛之亂。此次事件證明鄉勇等民間力量除能維持當地秩序以外，平定其他地方動亂也已綽綽有餘。

　　這是晚清政治當中，漢人勢力得以重新崛起的一大原因。清廷與外國的交往也在這時突然變得異常頻繁。道光末年，鴉片戰爭爆發。清朝對外交往的序幕就此拉開。咸豐末年，英法聯軍入侵中國。清朝開始允許外國公使進駐北京，開啟所謂外交。把外交事務交給北京朝中毫無經驗的滿人處理，根本是不可能的事。如此，便有了這裡的「委任外交」——在南京設置「南洋大臣」，在天津設置「北洋大臣」。由於李鴻章長年擔任北洋大臣，全權負責外交事務，西洋人甚至以為，中國外交均由李鴻章一人掌管，大小事務無須進京和清政府交涉。不過略為通曉中國國情的日本等國，就深諳此中門道。譬如大久保利通公爵 ① 因為台灣之事去中國談判時，就繞過天津，直接進京，與清政府負責外交事務的官署進行談判。此外，雖然外國使者和公使無人謁見過清朝皇帝，

---

① 　大久保利通（1830—1878），日本明治維新三傑之一，曾領導「奉還版籍」「廢藩置縣」等資產階級改革，後被士族島田一郎等暗殺。——譯者注

第一次鴉片戰爭中英軍進攻江蘇鎮江

太平天國起義，曾國藩率領湘軍克復金陵

但當年的副島種臣伯爵 [①] 卻稱自己受日本天皇之命遠道而來，堅持要求面聖，最終得以謁見清朝皇帝。不過，大多數外國人仍然認為清政府的外交事務均由李鴻章一人料理。不僅外國人這麼想，中國人自己也這麼想。

中國此時的政治情形是，鄉勇不僅保衛地方，湖南鄉勇、安徽鄉勇等還被分配在全國各大要地。起初的地方鄉勇經過官吏的整合、編練後，駐守全國各大戰略要地。而外交事務則由李鴻章接手處理。如此，清政府義無反顧地把軍事、外交等國家大事全部交給漢人辦理。不過，義無反顧是假，西太后慈禧這等處事精明之人，必定會對他們嚴加管束，小心防範。但李鴻章的意見也很大程度地左右着清政府。雖然李鴻章並非事事能按自己的意願左右清政府，但他確實能影響朝政。滿洲朝廷中漢人的實力日漸顯露。

以上是晚清的政治形勢。再到後來，中國先是與法國交戰戰敗，接着又敗給日本。八國聯軍侵華戰爭爆發後，全國大亂，清政府終於呈現土崩瓦解之勢。在此前後，清朝已有人提出改革之論。中日甲午戰爭以後，改革呼聲愈來愈高。清政府本以為防務已經得到加強，實

---

① 副島種臣（1828—1905），政治家。他曾積極投身尊王攘夷運動，後成為明治維新的元勳。他還以書法著稱於世。——譯者注

李鴻章

際交戰卻仍舊不堪一擊。可見李鴻章效仿國外的那一套並不可靠，清政府必須要從根本上進行改革。康有為等人成為這場改革的先鋒，開始推進改革事業。可他們在推行改革過程中發現，改革這件事太花錢了。尤其像清朝這種以滿漢雙重體制開展政治的國家，如果再引入外國的政治制度，就意味着要在原先政治體制的基礎上，再加入新的外國政治制度。也就是說，既不能廢除原有

的政治機構，還得重新設立新的辦事機構。如此一來，雙重政治成了三重政治，花費巨大。1893 年前後，清政府的財政支出大約是七八千萬兩白銀。可到 1908 年、1909 年時，財政支出極度膨脹。如果沒有三億兩白銀，政府就無法正常運轉。如果中國當時也和日本一樣，大力發展工業和外貿，這些支出或許尚可維持。可清朝只有行政費用不斷膨脹，其他方面卻未見任何進步。久而久之，財政自然難以為繼。

法軍炮轟福州

　　我們再來看「宗室政治和退位」部分。光緒帝和西太后慈禧先後離世。到近來醇親王載灃掌權時,朝中重臣形勢好時尚能做點事情,一見情形不妙就紛紛逃避。這令人大失所望。朝廷根本無人可倚重。這樣下去終究不是辦法,朝廷只好將朝政交由皇族打理。日本的本願

光緒帝

寺 ① 就是這種做法。不過，自家一族執掌政治大都會走向滅亡。清朝政治成為家族政治，其所有事情都由皇族打理，所有責任也由皇族承擔。大動亂爆發時，清朝皇族便像平家 ② 一樣走向衰亡。持續二百幾十年的清朝不得不退出歷史舞台。這就是晚清的政治。

附論　清朝的宗室

接下來我們說說宗室。我們先從「宗室與覺羅」說起。所謂「宗室」，是指太祖高皇帝努爾哈赤父親的兄弟的後代。「覺羅」則是再上一輩，即太祖高皇帝努爾哈赤祖父兄弟的後世子孫。宗室在衣服上繫黃帶子。覺羅在衣服上繫紅帶子。二者相互區分，各自享有不同特權。清朝的宗室有好也有不好。清朝宗室數量非常龐大。剛入關時，宗室、覺羅共三千人。道光末年，宗室、覺羅多達兩萬餘人。如今，宗室、覺羅可能已有五六萬甚至

---

① 本願寺是日本淨土真宗的本山。淨土真宗的創立者親鸞聖人死後，其女覺信尼於 1272 年建造大谷廟堂，供奉親鸞聖人，並由覺信尼和她的子孫繼任住持。——譯者注

② 指日本平安時代末期權臣平清盛（1118—1181）一族。平家一族經過平正盛、平忠盛幾代人的努力，在平清盛時權勢達到頂峰。1180 年，以源賴朝為首的源氏一族起兵討伐平氏。平氏勢力極速衰落，最終在 1185 年壇浦之戰中滅亡。——譯者注

七八萬人。雖然日本人認為中國的皇族都應尊為殿下，但也有一些皇族紆尊降貴，給日本人當老師，教授日本人漢語。這些皇族在中國並不會受到殿下的待遇，卻被日本人盲目地尊為殿下，鬧過不少笑話。可見，皇族謀生並不容易。為給皇族發放俸祿，清政府的財政十分吃緊。不過，這反過來也有好處。有的清朝皇族自食其力，鑽研學問，最終得以入朝為官。也就是說，他們可以像普通人一樣，通過應試入朝為官。還有人當上了不小的官。但同時，弊害也層出不窮。前面也說過，清朝宗室享有很多特權。其中一項特權就是，北京五城察院①巡邏時，不得擅入宗室府。於是，宗室府上往往聚眾賭博。清朝開國不久，這種弊端就已顯現出來。許多宗室府邸成了賭場。巡城官兵即使知道裡面有人賭博，也不敢貿然進去。問題非常棘手。不過，這些肆意妄為的皇族當中，也有能人出現。有個叫盛昱的人，我雖未見過，但聽說很有學問，曾當過大學校長。他延攬了漢人中的大量有識之士，希望能在清朝窮途末路之時，有所作為，為國效力。所以，盛昱身邊可謂人才濟濟。可私底下，盛昱卻很跋扈。他喜歡收藏珍奇書籍和古玩，卻經常在書店或古玩店強行奪佔，不給店家付錢。這個亦善亦惡

---

① 清官署名，負責稽查京師中、東、西、南、北五城治安。——譯者注

的人物一覽無遺地展現出了清朝宗室的善惡兩面。與明朝宗室相比，清朝宗室能通過應試入朝為官是其一大好處。不好的地方當然也有。好處是這些人能有所作為。壞處就是他們常常肆意妄為。明朝的宗室則沒有特別好的地方，也沒有特別壞的地方，最多因為女色犯個過失。而清朝的宗室與之相比，雖功勞顯著，卻也弊害叢生。

　　以上就是一些清朝皇帝及其內治的概況。明天我們再接着往下講。

第2講 異族統一和外交貿易

入關以前滿蒙漢三族的統一（附朝鮮）

今天我們講「異族統一和外交貿易」。

眾所周知，清朝擁有中國歷史上僅次於元朝的第二大版圖。為了擴張版圖，清朝曾統一多個部族。早在滿洲肇興、入主中原以前，清朝就統一了幾個部族。攻取奉天、遼陽（較之奉天，遼陽才是那時滿洲的主要城市）以前，太祖高皇帝努爾哈赤在山中起兵，雖勢單力薄，卻經常與蒙古發生衝突。今天東北地區南滿鐵路的終點長春等地，就是蒙古族當年居住的地方。此外，南滿鐵路沿線的昌圖等地也是蒙古族的土地。尤其在南滿內地，有些地方的居民雖然是滿人，但其酋長卻是蒙古族人。今南滿鐵路沿線開原東北方向葉赫部的酋長就是蒙古族人。由於蒙古族已經深入東北內地，所以清朝在發展壯大的過程當中難免會與

蒙古發生衝突。當時，清朝並未征服各部，只是通過締結盟約對其約束。後來，清朝進入遼東地區，攻取遼陽、奉天等地。由於當時遼陽、奉天以及開原一帶居住的都是漢人，所以清朝便將漢人和滿人同時劃入了治下。除統一當地人民以外，山東一帶也有明朝軍隊前來投降。清朝將這支現成的軍隊納入治下。此後，就有了漢人軍隊，也就是漢軍。當時，太祖高皇帝努爾哈赤還曾遠征與自己相同種族的滿人。清朝初期，俄國沿海州一帶便已臣服清朝。比起佔領土地，那時的戰爭主要目的是征服百姓。後金派出的遠征軍不過一兩千人。遠征軍抵達當地以後，不會只俘虜一部分人，而是俘虜全部居民，並將其強遷至後金的都城附近。當時後金的都城設在興京①，即今天的興京老城。遠征軍為何要把所有人強行帶到都城附近安置下來呢？為的是增加壯丁，擴充軍隊。也就是説，為了增加壯丁，擴充軍隊，清朝採取了這種以佔領人民為首要目標的政策。而後，清朝開始處理與蒙古的關係。當時清朝與達爾汗親王②一家訂立盟約，結為了同盟。現在的東蒙古仍有達爾漢親王。隨着清朝勢力的發展壯大，到太宗文皇帝皇太極時，人們不再稱統治者為「汗」，而是於 1636 年改稱統治者為

---

① 興京位於今遼寧省新賓縣，是清朝的發祥地。1603 年，清太祖努爾哈赤在此築城。1634 年，清太宗文皇帝皇太極改稱「興京」。——譯者注
② 即蒙古科爾沁左翼中旗札薩克達爾罕親王。——譯者注

清代的蒙古貴族

「皇帝」。起初，後金尊稱統治者可汗為「汗王爺」。這種叫法在滿洲一直保留下來。直到今天，仍有人稱當時的太祖高皇帝努爾哈赤為「汗王爺」。可到了太宗文皇帝皇太極中期時，清朝統治者開始有了稱帝的野心。當時，「皇帝」只有中原才有，尊貴無比。其他各國都需接受皇帝的冊封。於是，清朝統治者便起了與中原皇帝平起平坐的野心，前去找朝鮮領導人商議。朝鮮領導人表示，滿洲統治者與中

盛京將軍趙爾巽

原皇帝平起平坐太不像話，回絕了清朝統治者，最終導致
清朝出兵朝鮮。蒙古各部對此則十分贊同。滿洲和蒙古的
四十幾個貝勒還聯名勸太宗文皇帝皇太極稱帝。因此，大
清皇帝在居於滿洲時期便有了。清朝出征朝鮮後，朝鮮投
降，還為太宗文皇帝皇太極立了一座三田渡碑 ①，上面就刻
有「大清寬溫仁聖皇帝」。這時，清朝已經統一滿蒙漢三個
民族。與此相關的記錄還有很多，「綱目」中所列的「崇謨
閣記錄」，是我在 1905 年第一次去奉天寶庫查閱資料時發
現的。當時我去找盛京將軍 ②趙爾巽，也就是現今北京清史
館的館長，問他能不能把這些資料借我一用。他說自己也
是頭一回看到這些記錄，十分驚訝。這些奉天寶庫裡的古
籍記載着清朝統治者稱帝前後與朝鮮的文書往來，十分有
趣。起初，無論是朝鮮來信，還是滿洲寫給朝鮮的信，都
稱滿洲皇帝為「金國汗」。此外，仍有很多別的證據。總之，
奉天寶庫當中有許多證據表明，滿洲統治者稱「大清皇帝」
以前曾自稱為「金國汗」。清朝在編纂實錄時，多少有些忌
諱曾經自稱「金國汗」之事，便將其盡數刪除。所以，我們

---

① 即大清皇帝功德碑。1637 年，太宗文皇帝皇太極發動丙子胡亂，征服朝
　鮮，而後要求朝鮮為其立功德碑。由於該碑立在今大韓民國首爾特別市松
　坡區的三田渡，故通稱為「三田渡碑」或「松坡碑」。——譯者注
② 全稱「鎮守盛京等處將軍」，清朝武官職務，是統轄奉天的最高軍政長
　官。——譯者注

今天才無法看到相關記錄。但朝鮮和明朝的資料當中確有太祖高皇帝努爾哈赤稱「金國汗」的記錄。不過，這些畢竟是敵國的記錄，真假難辨。有了崇謨閣記錄以及其他材料，我們才得以確認，清朝統治者在稱「大清皇帝」以前，確實曾自稱為「金國汗」。總之，清朝與朝鮮的往來文書等重要記錄以底稿或抄本的形式完好無損地保存在中國。只是如今，袁世凱把這些典籍從奉天轉移到了北京。至於這些典籍放在何處，我就不知道了。説不好哪一天發生甚麼變故，後人就只能參考我們保存下來的副本了。我們當時複製這些資料用的是藍曬法[①]。由於我是外行，加上又是頭一次做，遇到不少困難。這件事情是東京帝國大學的市村教授[②]和我一起做的。

再下邊的「同文彙考」是朝鮮輯錄的外交文書集。朝鮮的外交對象向來只有中國和日本。雖然我們罵朝鮮對中國是「事大主義」，但朝鮮人自己也把與中國的文書往來稱為「事大」，與日本的文書往來則稱為「交鄰」。這些文書都彙總在《同文彙考》當中。《同文彙考》中的「別編」部分收錄

① 藍曬法是一種利用鐵鹽感光性的印相法，1842 年由英國科學家約翰‧赫歇爾發明。1950 年左右，藍曬法開始被廣泛用於複印設計圖紙。——譯者注

② 即市村瓚次郎（1864—1947），日本近代東洋史學的開拓者之一，曾任東京帝國大學教授，主要著作有《中國史要》《東洋史統》等。——譯者注

了清朝還居於滿洲時與朝鮮的往來文書，可以和崇謨閣記錄對照來看，極具參考價值。清朝曾派兵征討朝鮮。朝鮮投降以後，還立下三田渡碑以表感念滿清恩德。《同文彙考》中收錄的就是此後兩國的往來文書。清朝尚在滿洲自稱「金國汗」時期的文書沒有收錄在《同文彙考》中。這部分內容還得查閱《朝鮮國來書簿》。總之，這些現存的寶貴資料都能表明，清朝統一滿蒙漢以後，還把手伸到了朝鮮。

接下來的「通文館書籍木版」很有意思。通文館雖然不如外務省級別高，卻是朝鮮掌管外務翻譯的地方。朝鮮的

朝鮮的官僚階級

等級制度十分複雜。譯官屬於中等階層，不能成為上層貴族。其家族世代相傳掌管翻譯事務，自然會有各種各樣的翻譯教材。這些教材的木版應該都保存在通文館中。本來我也擔心，如遇不測，這些木版可能就不復存在了。可是，京都大學的新村教授①前去朝鮮時，一個從內地②去了朝鮮的人告訴他，自己手上有這些東西，還分出一些轉贈給他。其中有幾塊現今就保存在京都大學。這些木版如今散落四處，教材自然也很難入手。當時，朝鮮譯官所使用的語言有漢語、滿語、蒙語和日語，這些語言都有相應的翻譯教材。通文館裡也都開設蒙語、滿語、漢語、日語學科。像日語的話，還有教授德川時代非常禮貌的武士用語的教材。負責翻譯事務的通文館之所以編寫這些教材，一定是因為朝鮮意識到了掌握滿語、蒙語、漢語的必要性。滿洲勢力深入朝鮮就是一個證據。我們已在展室展出這些幸存的書籍木版，可供大家參考。以上就是清朝入關以前，統一蒙漢，並把朝鮮納入屬國的大體情形。

---

① 即新村出（1876—1967），日本語言學家。他曾任京都大學教授，編纂《大言海》《辭苑》《廣辭苑》等詞典，並著有《東方語言史叢考》《東亞語源志》《語言學序說》《日本的語言》《語言的歷史》等。——譯者注

② 第二次世界大戰以前，日本稱所佔殖民地為「外地」，稱固有領土為「內地」。——譯者注

綏撫西藏

接下來我們說說西藏。西藏在很早以前就與滿洲建立了關係。眾所周知，西藏地處中國西部，是亞洲中部海拔最高之地，卻能與滿洲建立關係，實在不可思議。這一切還得歸功於佛教。我們知道，西藏政權由法王統治。佛教在當地十分盛行。當時的蒙古族人信仰藏傳佛教，即喇嘛教。蒙古也成了喇嘛教的勢力範圍。西藏人雖然偏居中國西陲，卻對世界上勢力強大的君王格外敏感。譬如，現今俄國強盛，西藏便與俄國往來。看到英國在印度勢力強大，西藏便與英國開始往來。總之，西藏對天下大勢非常敏感。那時，東蒙古著名的察哈爾林丹汗勢力一度十分強盛，後來卻敗給太宗文皇帝皇太極。東蒙古因此幾乎全部成為清朝領土。一定是蒙古的西藏喇嘛親眼目睹了此事，消息才很快傳到西藏。於是，西藏不遠萬里遣使清朝，並呈上喇嘛的頌文。頌文中稱，東方有曼殊師利皇帝現世。所謂「曼殊師利」，其實就是文殊菩薩。他們把清朝皇帝生拉硬拽地說成文殊菩薩，稱東方曼殊師利皇帝現世，將要一統天下。當然，把曼殊師利等佛名用於人名的做法是有例可循的。蒙古酋長們身上就曾有過這種情況。西藏巧用此法，為的就是與新興的強大政權建立關係。當時，蒙古也有著名喇嘛前來向清朝皇帝獻禮，帶來了元世祖忽必烈攻打日

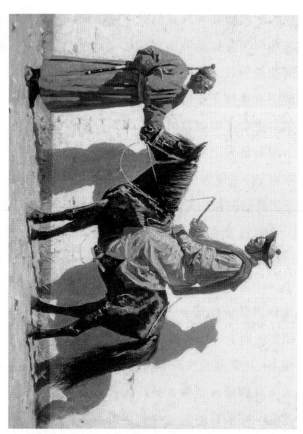

蒙古喇嘛

本時鑄成的佛像。此佛名為「摩訶迦羅」，翻譯成日語就是財神。但它不同於日本的福神，是更為兇狠的一種神。據說，此佛像所經之地，國家必將實現統一。蒙古獻來摩訶迦羅佛像。西藏又有喇嘛遠道而來，巧言煽惑，說清朝將一統天下，甚至鼓動清朝在奉天都城的四方各建一塔，聲稱寶塔建成之日，就是滿洲一統天下之時。現在奉天的四個方位仍有東塔、西塔、南塔、北塔四座寶塔。日俄戰爭時，四座寶塔雖然遭到嚴重破壞，但依然被保存了下來。由於西藏喇嘛的這番溢美之詞，太宗文皇帝皇太極不僅開始信奉喇嘛，建造寶塔（寶塔建成時太宗文皇帝皇太極已經去世了），而且還在寺廟裡四處立碑。當時的碑文都以四體文字 ① 書寫。滿文自不必說，除此之外還有蒙文、藏文和漢文。這時的清朝雖然尚未實際統治西藏，卻已經有想要一統這四種語言、四個種族的念頭了。由於這時的清朝實際已經信奉了喇嘛教，所以明末有名的年輕將領袁崇煥在與清兵時戰時和的過程當中，居中的使者就是一個喇嘛。日本戰國時代也有過和尚做使者的事情。總之，袁崇煥曾經通過喇嘛與外族交流溝通。如上所述，清朝初期，清朝皇帝就已十分信奉喇嘛教。尤其到雍正帝時，雍正帝既篤好禪學，也信奉喇嘛。做了皇帝之後，雍正帝還將原來的

---

① 即滿、漢、蒙、藏四體文字。──譯者注

親王府捐給喇嘛教建造寺廟。再後來，乾隆帝逐漸接受儒家思想，不再特別尊崇喇嘛，只是出於安撫蒙古的考慮才繼續信奉喇嘛教。乾隆帝關於喇嘛的認識，在《喇嘛説》碑文中已經寫得十分清楚。這份碑文反映了清朝對喇嘛教認識上的轉變，已在展室展出。為能説明這些情況，此處特列出了這兩份材料。

可見，清朝起初雖然實際信奉喇嘛教，後來卻把它當成一種政治手段。總之，清朝與西藏通過喇嘛教建立起了非同一般的關係。到乾隆帝時，清朝信奉喇嘛教除作為政治手段以外，也有一種誇耀統一不同民族功績的心理。元明時期，蒙古人已經開始信奉喇嘛教，並將大藏經，即一切經 [1] 翻譯成了蒙古文。這些蒙古文藏經大多放在奉天。前面説過，元朝的摩訶迦羅佛像曾被獻給清朝皇帝。這些寶貴的經文就是在那個時候一同被帶去的。我覺得這些經文應該是太陽汗在位期間被翻譯出來，帶去奉天的。這些也是我前些年考察的東西。日本宮內省拿走的部分現存於東京大學。我自己只留下一小部分。其餘的藏文藏經都已在展室展出。

康熙帝時，中國有了一切經的蒙文和藏文兩種版本。這些版片刻造十分精良，如今可能仍然存在。我只複製了

---

[1]　佛教聖典的總稱，即大藏經，簡稱藏經。——譯者注

經文的目錄部分，也陳列在展室。

　　乾隆帝時，清朝產生了把藏經翻譯成滿文的想法。當時，與其說是出於信仰需要，不如說是為了復興滿語，才會把如此大部頭的藏經譯成滿文。乾隆帝還特意請來章嘉胡圖克圖喇嘛商討此事。章嘉胡圖克圖喇嘛住在北京城東北方向的嵩祝寺。他不僅學問極高，德高望重，而且手握大權，為助乾隆帝翻譯滿文藏經，鞠躬盡瘁。如此，滿文藏經才得以面世。據我所知，這滿文藏經只藏於奉天四塔中的北塔法輪寺。寺裡還有誦讀滿文藏經的喇嘛。日俄戰爭期間，日軍從北方進攻奉天時，俄軍在此紮營過夜，北塔寺的藏經被搞得殘破不堪。我發現了這些殘破不堪的藏經後，把大部分帶回了軍政署。軍政署後來又將這些藏經帶回日本。如今，這些藏經存放在東京大學。由於當時京都大學還沒有文科，這些藏經便都放在了東京大學，不然肯定就放在京都大學了。雖然有所缺失，但日本或多或少地收藏了清朝的滿蒙藏文藏經。總之，清朝與西藏的關係十分密切。此外，乾隆帝認為，藏文與梵文關係密切，西藏文字又來自印度，對研究音韻學意義非凡。於是，他開始組織編纂《同文韻統》。章嘉胡圖克圖等人也參與其中。《同文韻統》主張各國音韻同源同本，很有研究價值。

　　綜上所述，清朝與西藏的關係不僅存在於政治方面，還存在於語言方面。實際上，中國真正征服西藏，把西藏

疆域劃入清朝版圖，並派遣駐藏大臣是在康熙年間。當時，西藏發生內亂，並遭到蒙古——現今新疆地區的汗王侵略；活佛一度外逃；清朝派兵助其平定內亂以後，才與西藏有了領土上的關係。所以，清朝與西藏是先有宗教關係，後有領土關係，再後來才有了語言上的關係。這就是清朝與西藏之間的關係。

征服準噶爾部和回部

第三部分是「征服準噶爾部和回部」。雖然清朝在建國初期已經征服蒙古，但征服的主要是漠南地區。其勢力幾乎沒有進入西部的青海地區。近來由於日中條約①，人們才開始聽說東蒙古或內蒙古。清朝最初統一的就只有這些地方，尚無外蒙古地區。當時，外蒙古到新疆一帶，準噶爾部勢力日盛，跋扈一時。準噶爾部是厄拉特蒙古的一支部落，清朝康熙年間勢力達到鼎盛，在首領噶爾丹的帶領下，統一蒙古、新疆一帶。最終，噶爾丹與康熙帝正面交鋒。戰爭持續多年，以噶爾丹的失敗告終。噶爾丹服毒而亡，

---

① 即《中日民四條約》。1915 年 1 月，日本向中華民國總統袁世凱提出企圖獨霸中國的「二十一條」要求，同年 5 月 25 日，袁世凱政府與日本正式簽訂《中日民四條約》。《中日民四條約》由《關於南滿洲及東部內蒙古之條約》《關於山東之條約》及另附的十三件換文組成。——譯者注

康熙獲勝。雖然清朝官方史籍把噶爾丹說得很不堪，可畢竟他們互相為敵，所以不能只聽清政府的一面之辭。近來我得到一本《秦邊紀略》。我得到的這本《秦邊紀略》雖是抄本，卻有許多其他書中未述之事，且對噶爾丹讚不絕口。這本書寫到，噶爾丹是蒙古人心目中的英雄，後來雖因未得天時地利而敗給康熙帝，但勢力一度十分強盛。康熙帝也為能與噶爾丹這等英雄人物一較高下，親征朔漠地區，寫下了《親征平定朔漠方略》。昨天我們也提到過《親征平定朔漠方略》。如此，康熙帝的勢力首先擴張到了蒙古地區。準噶爾部的殘餘勢力後來還在新疆屢屢作亂，到雍正乾隆年間也時常作亂。儘管清朝深受其擾，但御駕親征只有康熙帝時那麼一次。當時，從內蒙古到新疆以東的部分地區都已劃入清朝版圖。乾隆時期，回部也被劃入清朝疆域。回部是信奉回教——伊斯蘭教的地方，大多是維吾爾族的聚居地。《秦邊紀略》中還稱，乾隆時期，清朝征服回部，將現今新疆地區的兩萬餘里 [①] 疆土劃入治下。雖然書中的表述可能有些誇張，但今天中國版圖上的新疆地區的確是乾隆時期打下來的。如此，除之前的四個種族以外，清朝又統一了回部。後來也時有動亂發生，譬如道光帝時，

[①] 《秦邊紀略》原文為「方今聖武遠揚，天山南北二萬餘里，皆置郡開屯，歸我疆宇。」雖然後來古人借面積單位作長度單位，但原先一里是指長寬各三百步的面積單位。——譯者注

張格爾在新疆發動叛亂；近年又有阿古柏在新疆作亂——左宗棠還親自前往平亂。雖然時有動亂發生，但乾隆年間，滿人得以統一回部。乾隆帝對此頗為得意，還組織編纂《伊犁剿討志略》以及關於西域的《皇輿西域圖志》。總之，收服回部是乾隆帝的得意功績。清朝征討回部的過程極為殘忍。清朝官兵盡數殺死當地男子，只給婦女和小孩留下活口。乾隆帝還從中挑選了一位絕色美女，納為妾室，並為她在北京宮殿修建回部風格的寓所。還有一說是，這個嬪妃為了報仇，曾經行刺乾隆，最終被皇太后賜死。

隨着清朝版圖不斷擴張，乾隆帝在語言上日漸自負。先前，康熙帝已經有保護國語的想法，開始主持編修《清文鑒》。後來，乾隆帝採用滿、蒙二文，主持編修《滿洲蒙古合璧清文鑒》，不久之後又採用滿、蒙、漢三文，編修《滿洲蒙古漢字三合切音清文鑒》，接着又陸續編成《四體清文鑒》和《五體清文鑒》。不過《五體清文鑒》沒有刊刻本。

前些年時，我與富岡謙藏老師以及羽田 ① 先生一起，在奉天寶庫看到《五體清文鑒》，就將其抄錄了一份。《五體清文鑒》是一本滿、漢、回、蒙、藏五種文字對譯的辭書，是乾隆帝彰顯自己豐功偉績的成果。同時，乾隆帝還主持

---

① 即羽田亨（1882—1955），日本學者。他對敦煌學、西域史的研究有突出貢獻，曾任京都大學教授、校長，著有《西域文明史概論》《西域文化史》等。——譯者注

編修《欽定蒙古回部王公表傳》，為歸附自己的王公撰文作傳。此外，為了統治蒙古，清朝設置了理藩院，根據以前的蒙古律令，以滿、蒙、漢三種文字制定理藩院法規。近年來，各種辭書相繼面世，其中不乏精良之作。民間甚至出現了回漢對譯辭書。昨天展室展出的字上閃着金光的掛軸，是乾隆帝為賞賜進京覲見的西藏喇嘛而特製的。喇嘛圓寂後，掛軸未能送出，輾轉至此。這幅掛軸也以滿、蒙、漢、藏四體文字寫成。

清軍與準噶爾部交戰

乾隆帝平定大小和卓叛亂

道光帝平定張格爾之亂

提倡滿文的效果

一、與歐譯的關係

清朝力倡語學，確實卓有成效。這裡就稍微說說提倡滿文實際產生的一些效果。

由於漢語十分難懂，所以當時的西洋傳教士來到清朝，一開始就學習中文是很困難的。而滿語的語法與日語類似，雖然不及西洋語法嚴謹，可比起漢語就簡單多了。西洋人為了閱讀中國書籍，就先從讀滿文書籍入手。無論是四書五經還是歷史典籍，西洋人都讀滿文書籍。那時，《通鑒綱目》的滿文譯本已經齊全。綱目中的「漢滿書籍文書目錄」是當時一個叫克拉普羅特的人來中國購買書籍時，為方便研究所作。目錄中有很多書是我們今天輕易看不到的。總之，西洋人由於容易看懂滿文書籍，為能了解中國情況，便都開始研習滿文。所以，康熙帝和乾隆帝大力推廣滿文，極大地促進了世界對中國的了解。對中國來說，此舉有幾分益處仍有待商榷。但可以肯定的是，滿文在中國走向世界的過程中發揮了巨大作用。

二、日本的滿文研究

滿文對日本的國際關係也產生過一定影響。希望大家能記住這點。新村教授曾在《藝文》雜誌上就此寫過一篇文

章。我也比較關注這個問題，所以在此列出了「滿文研究」。

　　日本第一個關注滿文的是大學者荻生徂徠[①]。荻生徂徠注意到，當時傳到日本的《正字通》卷首寫有滿文，並用漢語在滿文上標注了發音。《康熙字典》流行以前，市面上最流行的就是《正字通》。荻生徂徠看到此書以後，開始研究滿文，以黑字標注輔音，以紅字標注元音。荻生徂徠一代對滿文的研究只進展到這一步。荻生徂徠能讀懂的滿文，

荻生徂徠

---

① 　荻生徂徠（1666—1728），名雙松，字茂卿，別號萱園，日本江戶中期儒學家。古文辭學派的創始人，著有《論語徵》《辯道》《辯名》《政談》《學則》《萱園隨筆》等。——譯者注

大概和弘法大師①能讀懂梵文的程度相當。然而，如荻生徂徠般赫赫有名的學者也沒能把這項研究堅持下去。後來，日本又傳來了以滿文音譯的《千字文》注釋本。日本的書店漫無目的地出版了這本書。估計有人想到這些滿文是《千字文》的發音，還曾試着逐一比對過。我手頭的這本《千字文》就用紅筆一個一個地加了標注。可見，這時的日本人

庫頁島上的土著居民

---

① 即空海（774—835），俗姓佐伯，諡號弘法大師。日本平安初期僧人，真言宗的開山祖師。804 年入唐，806 年回國。他不僅擅長詩文，還是著名的書法家。著有《三教指歸》《梵字悉曇字釋》《聲字實相義》《十住心論》等。——譯者注

已經開始關注滿文。後來，日俄因為北方的庫頁島產生爭端。最上德內 ① 前往庫頁島時，看到了庫頁島土著手裡的滿文文書。庫頁島土著每年都會得到清政府官員的封賞。所謂封賞，無非是些無關緊要的官爵以及一些當地特產。庫頁島土著帶些皮毛過去，清朝則回賜以絲綢。回賜絲綢的同時，清朝還會附上文書，注明所賜。最上德內一行前往庫頁島時，看到的就是這些用滿文書寫的文書。庫頁島有個土著——曾被清朝賜名楊忠貞——帶着滿文文書和絲綢回到樺太。這些絲綢傳到宗谷 ② 附近的阿伊努人 ③ 手裡後，被日本人稱為「蝦夷錦」。蝦夷錦來自何處原本無人知曉。最上德內去了樺太，看到那裡織品邊角的文字以後，才搞清楚蝦夷錦的由來。原來，清朝設有織造衙門。譬如，南方的蘇州和杭州都有織造衙門。絲綢從這些地方運往北京時，就會在上面寫上文字。最上德內注意到這些織品上同時寫有漢字和滿文，才想到，所謂蝦夷錦其實就是清朝南方的

---

① 最上德內（1754—1836），本姓高宮，名常矩，日本江戶時代探險家，曾奉幕府之命前往蝦夷、千島、庫頁島等地勘察探險，著有《蝦夷草紙》《度量衡説統》等。——譯者注

② 即宗谷海峽，又稱「拉彼魯茲海峽」，位於北海道和庫頁島之間，扼日本海和鄂霍次克海的要衝。因此，宗谷海峽日本海通向太平洋的北方出口。「宗谷」是日本阿伊努語，意為「有岩石的鎮」。——譯者注

③ 日本北方的一個原住民族群，分佈於庫頁島、北海道、千島群島等地。——譯者注

織品。後來，這些織品還被用於度量衡的研究。《度量衡
説統》一書中曾提及此事。當時，要想知道清朝的度量衡
十分困難，人們便想到前往庫頁島，利用這些織品進行研
究。因此，《度量衡説統》中首次出現了滿文記載。據小川
教授[1]説，楊忠貞的文書現由最上德內的後人保存。前些
年，我用藍曬法把楊忠貞的文書拍了下來，也陳列在展室
當中。近藤重藏[2]在寫《邊要分界圖考》時，也引用了楊忠
貞的文書。起初，由於無人知道這些文書寫了甚麼，所以
這些文書一直無人問津。如今，雖然也很難懂，但據原本
來看，這些文書大概寫於乾隆末年，也有一些寫於之後的
嘉慶年間。

由此可見，日本開拓北方時期，滿文已不再停留於荻
生徂徠等學者的研究當中，而開始成為一個實實在在的問
題。然而，日本此時尚未開始真正的滿文研究。就在這時，
一件不可思議的事情發生了。1804 至 1818 年期間，俄國
船抵達長崎，要求日本與俄國開展貿易。當時俄國寫給日
本的信上就有滿文。也就是説，信是用俄國的本國語言和

---

[1] 即小川琢治（1870—1941），日本地質學家、地理學家，曾任京都大學教
　　授，著有《日本群島》《中國歷史地理研究》等。——譯者注

[2] 近藤重藏（1771—1829），名守重，號正齋，日本江戶時代幕臣，北方探險
　　家，曾奉政府之命多次前往北方勘察，為北方防務出言獻策，著有《邊要
　　分界圖考》《金銀圖錄》《外蕃通書》等。——譯者注

滿文兩種寫成。由於俄國人當時對清朝之事有所研究，他
們可能認為，滿文是日本鄰國使用的語言，日本人想必也
能看懂，於是就用這兩種語言寫了信。可這信拿到日本後，
既沒人能看懂俄語，也沒人能看懂滿文。當時，統領幕府
天文台的高橋作左衛門 ① 因無法看懂這些信覺得十分可惜。
信如今保存在宮內省的圖書寮 ② 中。新村教授給信拍了照
片，放在展室裡。當時滿文字典《清文鑑》也已傳到日本，
收藏在德川家的書庫當中。於是，高橋作左衛門花費十幾
年潛心研究滿文。過了三年左右，他已經能看懂一些滿文
了。後來，高橋作左衛門萌生了編纂滿語字典的想法，甚
至想編纂滿語和荷蘭語字典。相比之下，滿語和荷蘭語相
去甚遠，和日語更近一些。高橋作左衛門運用荷蘭語的知
識來解讀滿文，耗時十幾年編成滿文字典《滿文輯韻》和文
法書《滿文散語解》。然而，高橋作左衛門由於後來的西鮑
魯特事件 ③ 鋃鐺入獄，最終死在牢裡。就在入獄的前兩天，

① 即高橋景保（1785—1829），字子昌，號觀巢，日本江戶時代天文學家，曾
　任幕府天文方，與其父一同協助伊能忠敬完成對日本全島的測繪，並據此
　繪製《大日本輿地全圖》。——譯者注
② 圖書寮由日本皇室創建於 701 年，隸屬於中務省，專門從事圖書的收集、
　謄寫與保存。1884 年，日本採用近代官制，圖書寮移至宮內省。1949 年，
　圖書寮正式移交宮內廳，並改稱為「書陵部」，一直沿襲至今。——譯者注
③ 1828 年，德國人西鮑魯特在回國前夕，從幕府官員高橋景保處得到日本
　地圖，企圖瞞着幕府將嚴禁攜帶出境的地圖帶走，事發後遭驅逐，高橋景
　保則被捕入獄。——譯者注

他還在編寫《滿文輯韻》。《滿文輯韻》有草稿本和謄抄本，謄抄本只完成了三分之二左右。高橋作左衛門在《滿文輯韻》結尾部分用很小的字寫着日期。該日期正是他入獄的前兩天。高橋作左衛門雖為滿語研究嘔心瀝血，最終卻因意外禍事被迫中斷研究。

儘管無人繼承高橋作左衛門的未竟之事，但從 1848 年至 1854 年，或許由於日本與外國往來日益頻繁，長崎的通事等人開始打算研習滿語。

所幸，當時長崎有些來自滿洲的人。雖然這些人都是無名小輩，但滿文研究卻得以展開。帶頭研究滿文的是今天北京公使館有名的鄭永邦的伯父鄭某。鄭某等人領着十七八個中國通事，開始編修字典，着手翻譯中國的《清文鑒》，但最終未能完成。這些稿本前些年還被出售過，現今在東京大學某位教授手裡。我早些年看到它時，想不明白他們為何要研究滿語，後來有一次從北京回來路過長崎時，在一個寺廟裡看到鄭某的一塊碑石。這塊碑石就記有研究滿語之事。我請長崎的一名屬員把碑文抄了下來，也放在了展室。

綜上所述，長崎是日本最早研究滿語的地方。開始了滿語研究。而且，日俄的國際關係使日本的滿語研究變得意義重大。雖然滿語後來逐漸被人們遺忘，如今想來恍如一夢，但清朝當時普及滿語確實極大地促進了西方對中國

事宜的了解，影響了日俄之間的國際交往。乾隆帝所做之事，在世界範圍內都產生了極大影響。

苗族、台灣、琉球以及東南亞華僑

　　這部分內容旨在說明清朝勢力的不斷擴張。我們先說苗族。雖然部分苗族已逐漸漢化，但直到明朝時期，苗族仍由土官統治。土官是指接受朝廷封賜官職、對地方進行管理的當地名門望族。由於湖南貴州一帶的土官制度弊害叢生，所以土官最終改為流官。流官是指在各處流動任職的官員。雍正年間，苗族的絕大部分地區都已改土歸流。此乃中國內部統一的一大進步。當時出現了很多描寫苗族的書籍和圖冊，京都大學也有收藏，都已放在展室。

　　我們再說台灣。明朝末年，鄭成功據守台灣。到了康熙年間，鄭成功仍不奉清朝為正朔，始終奉明朝為正朔。清朝步步為營，最終將台灣全部納入版圖。這些事情在藍鼎元和姚瑩等人的著作當中都有詳細記述。清朝平定台灣以後，台灣仍有蠻族或流浪人口屢屢作亂，但均被清朝戡平。藍鼎元等人的著作當中也記載着這些內容。後來，又有許多中國人參考前人著述，寫了很多詳細描寫台灣情形的書。這些書籍所述多為台灣經過開墾闢荒，走向文明開化以來的情形。中國人近來之所以對台灣格外關注，與日

本也有一定關係。西鄉從道 ① 出任大將，征討台灣，引起了
清政府對台灣的關注。清政府這才着手經營台灣，開發蠻
荒之地。當時為了在蠻荒之地探險，清朝還繪有《台灣山內

西鄉從道

① 西鄉從道（1843—1902），日本明治時期政治家、軍人，歷任陸軍中將、
海軍大將、內務大臣，晚年被授予元帥稱號。——譯者注

地圖》，保留至今。這幅地圖現今可能保存在台灣總督府[①]，我有幸也藏有一份。因此，清朝開始管理台灣可謂日本出征的結果。以上就是清朝統一不同部族的一些事情。

我們接下來說說琉球。琉球自古向中國朝貢，清朝時也是如此。當時還著有《琉球國志略》等書籍。琉球人認為，琉球是中國的屬國。而清朝也允許琉球人來中國的福建求學。因此，琉球的文化多受福州影響。中國出使琉球使臣的書法，很多都保存了下來。書法名家王文治在琉球時，琉球人紛紛向他求書，留下許多作品。直到今天，琉

台灣總督府

①　台灣總督府設於 1895 年。在日本佔領台灣時期，台灣總督府是最高統治機關，1945 年日本戰敗後被廢除。——譯者注

球仍與福建有文化上的往來。

如此，清朝勢力得以不斷擴張。近年來，東南亞華僑成了中國的一大問題。中國每年都有居民移居東南亞，人數多達幾百。而移民所到之處，貿易極佔優勢。不僅貿易如此，土地開墾以及農業發展形勢也一片大好。這就是近年來中國人在海外的發展情況。此處我列舉了兩個材料—《華夷通語》和新建的鄭和碑—以做證明。《華夷通語》是一部漢語與馬來語的對譯辭書。這部辭書並非像乾隆帝編《五體清文鑒》一樣為彰顯功績而編，而是中國人出於商業上的考量，需要通曉馬來語才編修的。不過，《華夷通語》雖是一部馬來語字典，但並沒有用馬來文書寫。我們再説鄭和碑。這個大家可能不太了解。明朝永樂至宣德年間，鄭和曾十幾次遠渡東南亞，還曾抵達非洲東海岸。鄭和率領數百艘船遠洋十幾次，除發展海外貿易以外，當然也有宣揚國威之意。當時，他們就曾路過東南亞。當地人是否知曉鄭和之名尚不可知。不過這件事情在中國非常有名。人們稱鄭和為「三保太監」，還編了《三保太監下西洋》的戲劇出來，可見鄭和的知名度有多高。近來，中國移民念及此事，想在三保太監的相關遺址立碑敘文，就在爪哇立了塊碑。以前，中國的貿易遠及東南亞一帶。如今，中國移民在東南亞勢力龐大。我們把這兩件事聯繫起來，回顧歷史，再看今朝，頗有一番趣味。

　　清朝雖然沒有在這些地方擴張領土，但卻逐步發展了貿易。明朝時期，四夷館得以設立。四夷館負責翻譯明朝與外國的往來文書，可以翻譯十三個國家的語言。四夷館中藏有各個國家的外語辭典。這些辭典翻譯雖很粗糙，但大略也能通曉意思。到了清朝，明朝的這一傳統被繼承下來，四夷館改稱「四譯館」。京都大學藏有四譯館中的部分辭典，也已展出。此外，還有一部《八紘譯史》，幾乎是《四譯館譯語》的翻版。總之，這些材料都反映了中國早前在海外的發展壯大。四譯館時代，海外各國前來清朝。這在清朝看來是為朝貢，在外國人眼中卻是為尋求貿易。各國使臣奉表納貢，中國翻譯則草草撰表，回覆了事。時至今日，這種文書往來的方式不僅對外國來華影響重大，在中國實現民族發展的方面也產生了極大問題。此處內容就是為了說明這點。

外交——與俄國的關係

　　下面我們說說外交。清朝時期，中國建立的與貿易無關的外交關係主要是中俄關係。中俄關係源遠流長，早在清朝居於滿洲時期，就有俄國人陸續前來，與清政府頻繁接觸。順治帝時期，俄國人已經來到滿洲邊境，清朝只好佈兵防備。然而，與中國不同，俄國兵器多為槍炮，因此

尼布楚城

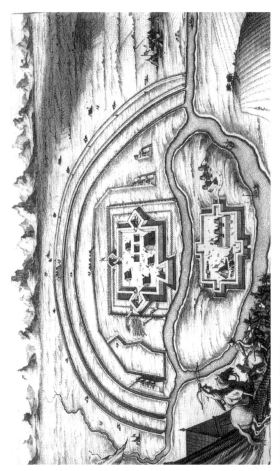

清軍將俄軍圍困在雅克薩城

清朝不得不派遣一支裝備槍炮的軍隊。當時，東亞地區的
步槍最數日本發達。日本出征朝鮮時，最讓中國人和朝鮮
人頭疼的也是日本步槍。那時的中國人多用弓箭，聽說只
要被日本人的步槍擊中必死無疑，都十分害怕。由於朝鮮
人知曉日本步槍的使用方法，加之朝鮮當時也有了步槍，
所以當順治年間，俄國人出現在滿洲北部時，清朝還徵調
了朝鮮的鳥槍手。總之，中國與北方鄰國的外交關係可謂

咸豐帝

中國外交活動的開端。順治康熙年間，清朝對此尤其關注，因此才有了《平定羅剎^①方略》的成書。中俄關係一度十分複雜。1688 年前後，今尼布楚、雅克薩一帶還發生過一次大的衝突。後來，中俄簽訂《尼布楚條約》，首次劃分中俄兩國邊界。當時，中國擔心不夠了解西洋情況，隨行還帶着來自西洋的傳教士。本次談判，中國得益頗多，北至黑龍江都歸入了中國領土。當時，俄國人對這個結果也很滿意，便與清政府簽訂了條約，但之後仍屢次來犯。著名歷史學家何秋濤編寫《朔方備乘》一書，提醒清政府防備北方。《朔方備乘》成書於咸豐年間，詳細調查並論述了以往的中俄關係。不過，中國後來還是向俄國做出了重大讓步。1860 年，英法聯軍入侵中國，俄國借出面調停之機，迫使清政府割讓沿海各州。由此可見，中國在中俄關係中最初居上，之後漸趨弱勢。

　　其次列出的是「曹廷傑《西伯利亞東偏紀要》及其稿本」。曹廷傑對滿洲之事十分了解。咸豐年間，清政府向俄國割讓領土；光緒年間，西太后慈禧曾派曹廷傑前往俄境偵探考察。《西伯利亞東偏紀要》中詳細記述了曹廷傑在俄領沿海各州踏勘考察的成果，其中不僅有政治方面的調查，還有歷史方面以及其他諸如戶籍等方面的調查。這部作品

---

① 　羅剎指俄國。——譯者注

非常有名，令我們受益頗多。中國此舉本想恢復在東北地區的勢力範圍，可不曾想後來又再次遭遇失地。總之，這時的中國已開始十分關注與俄國的關係。由於沒有一幅完整的地圖，所以中國在外交談判當中非常不便。鑒於此，駐俄公使許景澄在任期間還繪製了一幅《中俄界圖》。許景澄後來因為義和團運動時直言上諫被殺。

以上就是與領土相關的一些重要外交事件。之後清朝也因伊犁以及其他事情發生過別的外交事件。總之，清朝雖曾統一多個民族，其領土不斷延伸擴張，但後來在處理與俄國的關係時，卻非常吃力，甚至往往被其壓制。這就是清朝政治外交上的一些大略情況。

貿易

下面我們說說貿易。貿易對中國國勢的影響重大，因此稍作概述。

一、與日本的關係

日本與中國早在明朝時期就有貿易往來。堺港[①] 等商

---

① 堺港是日本大阪府堺市的商港，位於攝津、河內、和泉三地交界處，由於它是日本與中國明朝貿易的據點之一，後來逐漸發展成為日本重要的對外貿易港口。——譯者注

港就是日本為與中國開展貿易而開闢的。中日商貿活動從
那時起就很頻繁。中國出口日本的商品以藥材、絲綢為主。
日本出口中國的商品則以銅為主。日本是產銅大國，因此
當時銅貿易十分活躍。中國進入清朝、日本進入德川時代
以後，兩國開始在長崎開展貿易。清朝每年都有商船來日
貿易。其商船被稱為「唐船」。新井白石 ① 就銅貿易做過研
究，並撰寫《寶貨事略》一書。中日貿易雖然數額巨大，但
對日本來說卻是單向貿易，以進口為主。單向貿易持續幾
十年的結果就是，日本的金銀變得十分匱乏。大量劣質金
銀貨幣被鑄造出來，致使金銀價值下跌，經濟失常。新井
白石敏銳地發現了這些情況，便開始調查外國貿易。當時
從日本流向國外的金銀數額巨大，流向中國的多是銀和銅。
德川時代 ② 初期至新井白石時期的八九十年間，日本的銅外
流多達兩億多萬斤。當然，足利時代 ③ 也出現過銅外流，只
是外流的具體數額不得而知。《宣德鼎彝譜》一書記載道，

---

① 新井白石（1657—1725），日本江戶時代政治家、儒學家，在第六代將軍
德川家宜和第七代將軍德川家繼當政期間輔佐幕政。著述頗豐，是近代日
本屈指可數的大學者。主要著作有《讀史餘論》《藩翰譜》《西洋紀聞》《古
史通》等。——譯者注

② 德川時代又稱「江戶時代」，是德川氏統治日本的年代，即從 1603 年德川
家康開創幕府到 1867 年德川慶喜奉還政權的二百六十餘年。——譯者注

③ 足利時代又稱「室町時代」，是足利氏在京都室町開設幕府、掌握政權的
年代，即從 1336 年足利尊氏在京都室町建立政權到 1573 年織田信長廢除
足利義昭將軍的二百三十七年。——譯者注

鑄造有名的宣德銅器的原材料銅就來自日本。所以，日本
的銅在足利時代也曾大量外流，只是不知具體數量。足利
時代，日本政府還幹過一件愚蠢至極的事情，那就是把銅
出口至中國以後，在中國鑄成錢幣再進口。總之，日本是
產銅大國，是中國銅料供給地的事情，早在足利時代就已
人盡皆知。後來還有本書叫《天壽隨筆》。該書調查了新井
白石以後的一些日本銅貿易的情形。書中清楚地記載着日
本向中國出口銅料的具體數量。由此可知，新井白石時期

新井白石

到寶曆年間①，日本銅料流出數額十分巨大。總之，中日貿易關係當中，日本向中國供給銅料，地位至關重要。而這也對中國經濟產生了重大影響。中國真正的流通貨幣只有銅錢。白銀雖然也做過貨幣，但由於只能通過稱重流通，因此並不能成為通用的本位貨幣。只有銅錢才是真正的通貨。這就意味着，中國通貨的供給方是日本。這種關係十分有趣，中日貿易也因此持續多年。當然，這也促進了中國文明向日本的傳播，產生了廣泛且深遠的影響。那邊展出的《清俗紀聞》《南山俗語考》等都是兩國當時用於了解彼此的材料。中國與日本的關係大體如此。

二、與海外各國的關係

我們再說中國與西方的關係。中國近來國勢江河日下，多與貿易有關。譬如，鴉片戰爭就是貿易問題引發的。這點不同於中俄關係。中俄關係多是政治問題。中國與荷蘭、英國、葡萄牙等國的外交關係，也都是因開展貿易而建立起來的。

貿易方面，近年問題尤其嚴重的就是茶葉貿易。就此

---

① 日本桃園天皇年號，指 1751 年到 1764 年的期間。——譯者注

問題，在座的我的一位同事矢野副教授 [1] 曾做過詳盡研究，分析闡述中國茶葉貿易對世界產生的影響。中國的茶葉貿易舉足輕重，近年依舊如此。此外，中國以前還向西方出口藥材。譬如中醫所用藥材大黃。中國在西方成立茶葉貿易的行會組織，大量向外出口茶葉，引得英國等國紛紛派遣使者來華。乾隆末年，外國使者來華尋求貿易多是為了茶葉。當時，使者遠道而來，清朝都賜以茶葉。《粵道貢國說》中就提及此事。由此可見，茶葉貿易在清朝中期就已十分重要。不可思議的是，茶葉貿易還對中國的經濟產生了巨大影響。

中國古代都以銅為本位貨幣。清朝真正的貨幣仍然是銅。不過，這時出現了一種實際上比銅錢更能發揮貨幣之用的東西，那就是銀。隨着貿易和商業不斷發展，更輕便的貨幣備受青睞。中國早在金、元時期就有了紙幣。紙幣與票據性質相仿，直到今天也仍被我們使用。元朝時期，政府開始發行官方紙幣。元朝基本沒鑄銅錢，雖然也有少量鑄幣，但主要通用貨幣是紙幣。元朝曾設置大規模的紙幣流通機構，還在各處下設地方機構。但中國政治弊害叢生，難以管理，最終導致紙幣貶值。今天，中國人使用紙

---

① 即矢野仁一（1872—1970），日本學者，曾任京都大學教授，主要研究中國近代外交史，著有《近代蒙古史研究》《近代中國外交史》《中國人民革命史論》等。——譯者注

幣時，都偏好較舊較髒的紙幣。因為這些紙幣流通了好幾年，沒有假幣。但以前的中國人和今天的日本人一樣，更偏好新幣。因為政府的官辦銀行不兌換太舊的紙幣。所以，人人都覺得持有舊幣吃虧，都不喜歡舊幣。為了能讓紙幣流通，明朝費盡了心思。譬如，明朝曾設立只能用紙幣交稅的關卡。它們設於

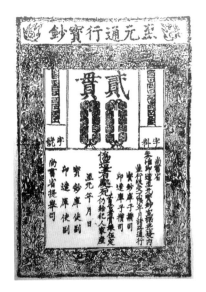

元代的紙幣

中國內地的各個地方，現今依然保存完好，稱為「鈔關」。鈔關多設於船通行的地方，規定通關稅費只能用紙幣繳納。內地的徵稅關卡只能流通紙幣，多少會促進紙幣流通。明朝正是出於這種考量，才設置了鈔關。如今，雖然不再只用紙幣交稅，但鈔關這個名字卻依然保留着。人們把對外貿易的海關也稱為「鈔關」。總之，雖然明朝大費周章地設立鈔關，試圖促進紙幣流通，但紙幣在中國這樣的國家仍然很難流通。於是，一種代替紙幣的貨幣漸漸流行起來。這種不用擔心實際質量變差，只要成色確定，任何時候都

能通用的貨幣就是銀。以前，皇帝賞賜臣子，除了各種珠寶玉器，還會賞銀。銀最初並不作為貨幣使用，從明朝起才逐漸成為一種流通貨幣。以銀作為貨幣的問題是，除非政府鑄造出統一貨幣，否則人們在使用時就不得不考慮它所含的銀量。因此，明朝以後，人們為研究金銀成色煞費苦心。譬如通過手摸、吹氣、聽音等來判斷銀的成色。據關於明朝古董的書籍記載，白銀也有諸多種類。最上等的名為「金花銀」，是最好的銀兩；次之又有不同成色等級。總之，白銀開始漸漸流通。可是，明朝時期，中國的白銀十分稀缺。有本書中記錄了明末萬曆年間中國的稅收總額。那時繳納租稅，產米之地就以米納稅，產草之地就以草納稅，劃分類別多種多樣。萬曆年間繳納銀兩數額不過四百萬兩，可見銀價之貴。據說，豐臣秀吉出征朝鮮時，明朝在七年內用掉了五百萬兩白銀，致使朝中大亂，成為明朝滅亡的原因之一。僅僅五百萬兩白銀就引得朝中大亂，萬曆年間皇太子成婚花掉一千二百萬兩白銀引起極大騷亂也就再自然不過了。明朝末年，為了征討滿洲，明朝徵稅高達一千六百萬兩白銀，最終引起內亂，導致明朝滅亡。清朝時期，白銀數量大幅增加。道光末年，鴉片戰爭前後，清朝年財政收入約有四千五百萬兩白銀，少的時候也有三千七百多萬兩，但定額是四千五百萬兩。雖然無從得知準確算法，但明末財政收入不過四百萬兩，清朝卻是它的

十倍之多，可見白銀數量變得多麼充裕。中國白銀產量很低。清朝時期的主要銀礦位於雲南。康熙乾隆年間，雲南銀礦既有官辦，也允許民間開採。朝廷對其徵收稅賦。有一本名為《滇南礦廠圖略》的書，專門記述雲南礦山情況。書中寫道，雖然此處產銅很多，但產銀很少。萬曆年間，聽聞雲南有銀，明朝政府還曾在雲南開辦銀礦，用時七年，聲勢浩大。可是，萬曆年間最大的銀礦七年所產白銀不過三百萬兩。因此也有人說，正是因為萬曆年間開採礦山，明朝政治才會出現百般弊病。書中還說，雖然銀的產量微乎其微，但道光年間銀的數量卻大幅增加。這些增加的白銀都從國外而來。如今中國有很多墨西哥銀流通。其實早在墨西哥銀以前就有很多來自外國的白銀了。

三、貿易的效果

接下來我們就該說說貿易的效果了。《古今錢略》一書介紹了各種各樣的外國貨幣，其中最主要的是西班牙貨幣。讀過本書，便可知外國貨幣在中國流通之甚。這些外國貨幣都是通過貿易進入中國的。當時，中國對外貿易貨品大部分是藥材和茶葉，後來時以茶葉為主。到乾隆帝時，清朝已經通過貿易獲取了大量財富。乾隆時期，國內泰平。乾隆帝自己也極盡奢華，一生十分幸福。這很大程度上得益於清朝國內沒有戰亂，財政收入充足。但貨幣充裕、財

馬戛爾尼覲見乾隆帝

鴉片吸食者

富增長又得歸功於對外貿易。儘管如此，乾隆末年，英國馬戛爾尼來華請求通商時，清政府卻表示無此前例，拒絕了他。實際上正是因為對外貿易，清朝財政才得以如此富裕。可見，清政府完全沒有注意到這點，更非有心斂奪他人財富。然而，清朝畢竟因對外貿易而富，最終引得外國以鴉片進行反擊。鴉片早在明朝時期就已進入中國。暹羅等國曾向中國進貢鴉片。康熙乾隆以來，鴉片漸漸進入南方，最初只作藥用，後來作為煙草被人吸食，使人上癮。當時，鴉片在台灣已經造成嚴重弊害。儘管吸食鴉片極大損害人體健康，但鴉片還是大量流入，政府也無計可施。道光末年，茶葉貿易積累下來的白銀都因鴉片貿易傾倒而出，令中國財政出現大動盪。白銀由賤變貴，給政府財政造成很大困難。那時清朝徵收稅賦，都是民間納錢，政府中途進行兌換，再以銀入庫。因此，白銀市場一旦匯率紊亂，就會對政府造成損失。清政府由於銀價動盪，損失慘重。這也成了道光以來中國國勢衰微的原因之一。政府對鴉片的弊害警醒起來，決心根除其弊。林則徐在廣東銷毀鴉片引起很大轟動，最終導致鴉片戰爭爆發。《中西紀事》《粵氛紀事》《英夷犯境見聞錄》《海外新話》《潰癰流毒》等書對此事都有記載。如今中國可能已經沒有這些書了，但它們對日本的影響深遠。《英夷犯境見聞錄》以抄本傳到日本，之後很快被編譯成《海外新話》。《海外新話》的作者嶺田

楓江①是丹後田邊人，後來住在上總國②，於 1848 至 1854 年翻譯此書。嶺田楓江有次去北海道時，回程在東北③轉了一圈，還在我家住過。我的父親曾見過他。當時，我的父親十三歲，嶺田楓江二十八歲。嶺田楓江年輕時就是一個愛國志士，十分關注日本與北方俄國的邊境問題。他看到《英夷犯境見聞錄》後，認為這本書對日本大有益處，這才將其編譯成《海外新話》。但時值德川時代，幕府認為這本書有違上意，勒令毀版。嶺田楓江則被處以禁錮之刑，發配上總國，於 1883 年辭世。《海外新話》中提醒日本對貿易問題以及外交關係提高警惕，對日本頗有裨益。但很多中國人連《英夷犯境見聞錄》的書名都沒聽過。近來雖有人說要出版它，卻也只是說說而已，實際並未出版。中國無人問津的東西，卻在日本引起極大關注，提高了日本人對西方的警惕。日本人總愛替古人擔憂，處處謹小慎微。但也正因如此，日本才有了今日的強盛。所以，神經質或許也是日本人的一個優點。除《海外新話》之外，當時還有

① 嶺田楓江（1817—1883），名雋，字士德，丹後田邊藩藩士，民間教育家，有志於海防，著有《海外新話》。——譯者注
② 上總國是古代日本令制國之一，屬東海道。其領域相當於現在的千葉縣中南部。——譯者注
③ 指日本東北部地區，包括青森縣、岩手縣、秋田縣、宮城縣、山形縣和福島縣。——譯者注

很多相關書籍面世。鴉片戰爭時期，寧波乍浦有人編成《乍浦集詠》。這本書整體上並不是講鴉片戰爭的，只是收集的當地詩作中有些與鴉片戰爭有關。《乍浦集詠》傳到日本以後，日本人開始關注鴉片戰爭。詩集很快出現了四個版本。大名鼎鼎的伊藤圭介 ① 老師、小野湖山 ② 老師等人，都同時出版了此書。鴉片戰爭讓日本人有切膚之痛。許多學者紛紛開始思考，當此時局，日本應當何去何從。這些極大地推動了日本的維新之勢，成為今天日本繁榮強盛的一大原因。總之，中國貿易形勢大變對日本產生了深遠影響，甚至帶來了日本的繁榮富強。中國諸多問題都與日本息息相關，對日本有直接影響。拿前面的例子來說，種族統一促進了滿語的興盛，而滿語又對日本的國際關係產生影響。從貿易方面來說，中國的貿易問題也影響了日本的國運國勢。這些都是中國對日本造成的影響。

上面講到很多關於錢的事情。我們也展出了一些樣本放在展室。咸豐年間，由於長毛賊作亂，清朝財政凋敝，曾一度發行紙幣。紙幣的樣本我們也已展出。財政緊張時，政府往往會開鑄大錢。日本在財政困難的天保年間，曾鑄

---

① 伊藤圭介（1803—1901），日本植物學家，曾任東京大學教授，著有《日本物產志》《日本植物圖説》《花史雜記》等。——譯者注

② 小野湖山（1814—1910），名長願，字懷之、士達、舒公，日本明治時代著名詩人，著有詩集《湖山樓詩鈔》等。——譯者注

造天保通寶，又稱「當百」。一枚當百價值百錢。清朝在咸豐年間也鑄過大錢，譬如當五十、當百等。鑄造大錢只限於財政困難時期。所以，展出這些大錢也是為了證明，清朝內亂爆發以後，財政十分困難。由於這部分內容與清朝錢幣有諸多關係，所以我把《制錢通考》一書及清朝的錢幣也都一併展出。今天的演講就到這裡。

第3講 外國文化的輸入

明朝遠道而來的天主教傳教士

今天我們來講清朝時期外國文化的輸入。

在日本等國看來，中國原本就有自己的文明，所以應該很少受外國文明的影響。實際上，中國這種大國由於國民性不太堅固，所以對待外邦文明也出奇地包容。由於不像日本一樣大肆宣揚國家主義，所以中國吸收外國文明相對自由許多。我們暫且不提遠古時代。僅元朝時期，外邦君主統治中國之時，這種事情就格外多。元朝時期，蒙古在統一中原以前首先征服了西域地區。西域有多種多樣的中亞文明。蒙古人是接觸這些中亞文明以後才來到中原的，所以即使看到極具特色的中原文明，也不會認為它有多閃耀。這樣一來，中亞文明和中華文明在元朝時期幾乎受到相同待遇，甚至漢人的待遇反而不及中亞人。與元朝不同的是，清

朝雖也是異族統一中國,但滿人還居於滿洲時期就已深受中原文明的影響。且滿人征服中原以前,也只征服了蒙古。所以滿人對中華文明的感服程度,遠高於元朝時期的蒙古人。可滿人畢竟是外族,有段時期十分熱衷尋求中華文明以外的文明。明末時期,歐洲文明開始傳入中國。明朝萬曆年間,有名的利瑪竇來到中國傳教。這並非耶穌教徒第一次來到

利瑪竇(左)與徐光啟(右)

中國。元朝還在蒙古時期，就有舊教的傳教士去過蒙古。此外，明朝正德年間，已有傳教士不為傳教，而為貿易來到廣東。繼利瑪竇之後，傳教士紛紛來華，對中華文明產生了極大影響。從這一點來說，利瑪竇來華很有紀念意義。

來華的傳教士努力學習中國語言，刻苦鑽研中國學問，費盡心思想要找到中國學問與天主教的契合點。最終，利瑪竇等人將一些很有影響力的中國學者爭取為信徒。綱目中列出的徐光啟就是重要信徒之一。徐光啟，今上海人，是中國著名學者。他曾為利瑪竇做翻譯，鑽研各種學問，後加入天主教，並獲教名「保羅」。當時，天主教士傳教的一大優勢就是，他們曾在歐洲舊教學校學習各種學問，掌握了中國人最匱乏的天文、算術等知識。明末曆法極其混亂。明朝沿用的是元朝曆法。元朝有位著名的天文學家，叫郭守敬。郭守敬發明的天文觀測儀器現今還保存在北京。本來有兩件保存下來，前些年八國聯軍侵華時，一件落到法國人手裡，一件落到德國人手裡。法國拿走的那件後來還回來了，德國拿走的那件卻一直沒有歸還。總之，中國現今保存着這件十分精巧的天文儀器。郭守敬是個曠世之才，參考西域通行的曆法，修訂了元朝曆法。1684 年至 1687 年，這套曆法對日本產生了積極意義。日本的曆法十分落後，1684 年以前一直使用唐朝曆法。雖然日食、月食極不準確，但仍沿用這套曆法。晚了四百年之後，元朝曆法才於德川時代貞

享年間為日本所採用。中國曆法在此之後也屢經變化。明朝初期，明太祖朱元璋十分重視天文曆算之學，曾召集中亞精通蒙語的人從事天文研究，從而奠定了明朝的曆法基礎。明朝直到萬曆年間，沿用的都是明太祖朱元璋時期的曆法。然而，這個時期的曆法已經存在很大誤差。最直觀的就是日食觀測。曆書上雖寫有「今天日食」，當天卻沒有日食出現，這種事情時有發生。由於季節不同，常有兩至三天的誤差，所以日食從未在預測好的時間出現。即使是外行，也能看出這套曆法是有問題的。於是，明朝開始考慮改革曆法。而來自西方的傳教士正好通曉曆法計算。雖然這些可能只是歐洲教會學校教授的一般知識，但由於西方傳教士知曉曆算方法，傳授這些知識便成了他們獲取中國人信任的一個手段。徐光啟、李之藻等人就是傳播西方曆法的主要人物。

另外，地理學從這時起也取得很大進步。元朝時期，中國對西方地理一無所知。利瑪竇來華剛好是在歐洲地理大發現以後，因此傳教士都帶着最新的知識而來，掌握着十分精確的地理學。利瑪竇來到中國以後，中國才有了《坤輿萬國全圖》。《坤輿萬國全圖》對東方學術貢獻不菲，其中有幾張傳至日本，不過大多輾轉流失，所幸京都大學還有一件保存完好。說幾句題外話，這幅世界地圖對日本德川時代三百年間的學術發展也發揮了很大作用。大家都知道，新井白石是德川中期復興學術的著名學者，博學多識，也很關注

時事。新井白石很早就知道利瑪竇的這幅世界地圖。朝鮮
使者來日本時，新井白石負責接待的事情十分有名。某次，
在與朝鮮人筆談時，新井白石提到利瑪竇有幅《坤輿萬國全
圖》，朝鮮人聞所未聞，只好含糊作答。前些年我在朝鮮看
過一本記有這段筆談的書。這本書後來落入日本人手中，如
今可能在朝鮮總督府上。當時與新井白石進行筆談的可能
是朝鮮使者趙泰億。趙泰億的藏品後來被悉數出售，其中也
有一些新井白石以及其他日本學者贈予他的詩文。雖然他
與新井白石的筆談全不在了，但談及《坤輿萬國全圖》的那
頁卻保存完好。或許朝鮮人也對新井白石的見識感到佩服，
才特意取這一頁收藏保存的吧。新井白石等人之所以能先
於日本，甚至東方各國學者關注世界形勢，很大程度就得益
於《坤輿萬國全圖》。如今，朝鮮併入日本，回頭再看這份
筆談，也別有一番趣味。

　　接着我們來看《天學初函》。這本書也與天主教有關。
當時的天主教傳教士都很有想法，譬如有人想在中國開辦歐
式大學。有本《西學凡》就介紹了歐洲大學的結構體系，包
括理科大學教授甚麼課程，宗教大學教授甚麼課程，醫科大
學又教授甚麼課程，並表達了作者希望開辦這樣一所大學的
願望。後來明朝滅亡，這些想法未能實現。起初，中國人對
待天主教的態度很公正。他們認為，天主教拜天與中國祭天
是一個意思，天主教就相當於是西方的儒教。很多人也把利

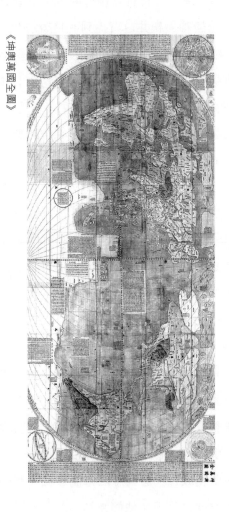

《坤輿萬國全圖》

瑪竇等人當作西儒，即西方的儒士來對待。利瑪竇一生著述
豐富，對中國產生了深遠影響。他去世以後，又有大量傳教
士紛紛來華。中國當時出現了很多關於天文學的著述。西
方天文學漸漸開始批評中國皇家天文台的錯誤，最終引起西
方傳教士與中國學者之間的衝突。雖然這於儒教並無大礙，
但與掌管天文台的天文學家卻有直接利益關係。對他們而
言，受到西方曆算學家的攻擊，意味着自己有失職之嫌。因
此，中國皇家天文台的天文學家不遺餘力地進行反擊，與西
方曆算學家展開了一場論戰。

明清時期的曆算學家湯若望以及其他傳教士

明朝末年來到中國的湯若望十分擅長推算天文曆法，
曾與中國天文學家發生多次爭論。中國當時已有一些官員
相信西洋曆算。湯若望在中國官員的舉薦下，掌管朝廷天
文，不過也遭到了不少人的反對。當時，外行一般很難對專
家之間的爭論判別高下。但到後來，外行竟然也能看懂天
文領域的專家爭論了。這是通過測算日影實現的。譬如，
某月某日正午，立一根幾尺長的杆，計算太陽的影子會有幾
尺，算得準不準便一目瞭然。如此一來，複雜高深的學問就
簡單多了。這不失為讓外行看懂其中門道的一個好辦法。
湯若望等人為此做了充分準備。由湯若望親自製造的日晷

儀今天也陳列在展室，是現居於京都的羅振玉帶來的。只要立起日晷儀，就能根據日影的投射方向來判斷時間，測算十分精確。不過，還有一種外行也能明白的方法，就是剛才提到的立竿測影。西方傳教士在這方面深得人們信任，勢力日漸強盛。但如上所述，直到明朝滅亡，相關爭論也不曾休止。湯若望還一度失勢，鋃鐺入獄。

當時的西方傳教士大多熱衷曆算之學，幾乎快要忘記自己的傳教本分。由於傳教環境非常寬鬆，所以各地都有

湯若望

大量傳教士前來傳教。但因為遭到中國學者的攻擊，傳教士一度被驅逐出境。有本名為《破邪集》的書彙編了各種相關資料，收集天主教與中國人之間發生的論爭史實。當時，南京一帶的傳教士雖遭驅逐，卻尋找各種藉口不願回國，留了下來。我手上的這本《破邪集》在水戶刊刻成版，即使拿去問中國人也鮮有人知，或許在中國已經失傳了。

　　一方面，傳教士因傳教之事慘遭迫害。另一方面，西方曆算被用於明末的明清戰爭當中。傳教士雖為傳播教義而來，卻個個知曉天文，精通器械。明朝政府於是想到，何不讓他們幫政府造些火炮呢？如此一來，傳教士擔起了為明朝鑄造火炮的職責。這些火炮在與清朝的戰爭當中發揮了巨大效力。太祖高皇帝努爾哈赤起兵滿洲與明朝交戰時，所用兵器皆為弓箭。明朝這邊當然也是弓箭。但由於清朝兵力強盛，明軍不敵，因此清朝先是攻取遼東，後又挺進遼西，入侵遼西大部，直到緊逼寧遠附近。這時，明朝政府才萌生了利用傳教士的想法。奏效最明顯的當數太祖高皇帝努爾哈赤攻打寧遠一役。當時的守城將領是大名鼎鼎的袁崇煥。近日《大阪每日新聞》上寫道，袁崇煥是袁世凱的祖先，十惡不赦，深受京城百姓憎惡。他去世時，京城百姓爭相分食其肉。袁崇煥死後，其軀體被分食雖確有其事，但此人並非那麼十惡不赦。而且，袁崇煥戰績顯赫，無人能出其右。袁崇煥是第一個也是唯一一個向明末皇帝進言，主戰

需做好作戰準備，主和也要做好議和準備的人。袁崇煥籍
貫廣東，十分年輕，駐守寧遠時不過二十七八歲。太祖高皇
帝努爾哈赤以為只是尋常明軍，一路攻來。起初，袁崇煥偃
旗息鼓，清兵如入無人之境。等到清兵抵達城下，袁崇煥點
燃西洋人鑄造的大炮，大破太祖高皇帝努爾哈赤之兵。寧
遠戰役的失敗對太祖高皇帝努爾哈赤打擊很大，甚至有人

袁崇煥

說他就是因此負傷。一個朝鮮人親眼目睹了這場戰爭，並
記下此事。太祖高皇帝努爾哈赤想不通明軍怎麼突然變得
這麼強大，鬱鬱成疾，含憤離世。總之，袁崇煥這一戰對清
朝打擊不小。明朝此番大獲全勝雖離不開袁崇煥的戰略，
但頭功還得歸於西洋炮火。後來滿洲打敗明軍，靠的也是西
洋炮火。昨天我們講到，山東一帶有人向清朝投降。現今朝
鮮西海有一座遠離海岸的島嶼[①]，明朝時期由大將毛文龍駐
守。當時降清的就是毛文龍的部下。毛文龍雖為一員大將，
卻有點像地痞流氓，手下率領一眾爪牙嘍囉。由於隸屬明
軍，所以他們也都裝備火器，經常從背後牽制威脅清朝。毛
文龍是個很難纏的主兒。雖然島上駐守兵士不過兩三萬人，

清代的大炮

① 　此處是指皮島。——譯者注

但他卻向明朝政府索要十萬人的餉銀。當然，即使按照流氓頭子的作派，他也應該不會把錢都裝進自己腰包。總之，毛文龍當時過着十分奢侈的生活，不時從背後威脅清軍。袁崇煥考慮到作戰需要大量軍餉，有必要對此加以整頓，便將毛文龍叫到現今旅順西部的雙島灣，將他斬殺。毛文龍被斬以後，他麾下的眾多大將都帶着火器投降了清朝。當時，清朝極度重視火器製造，凡可製造火器之人，皆予重賞。如此，清朝也用上了西洋火器，還為它取過一些很奇怪的名字。譬如，人們曾給大炮取名為「紅衣大將軍」。這裡的「衣」字其實本是「夷」字，只是清朝討厭被稱為外夷，才改用「衣」字，意指來自西洋的火器。有了這些火器，清朝得以對抗明軍，直至最終打敗明朝。因此，明末時期的傳教士在中國內部可謂發揮了重大作用。「綱目」所列的馬爾蒂諾·馬爾蒂尼①《論韃靼之戰》才得以留傳至今。我們大學收藏的就是當年出版的珍本。這本書對了解當時的情形很有幫助。

除以上這些實際事務以外，傳教士在學問等其他方面也對中國產生了很大影響。由於西洋人來到中國後要學習中文，而中國人也開始學習西洋事務，所以便漸漸有人研究起了音韻學。其實，早在明末時期就有人關注音韻學，還寫

---

① 馬爾蒂諾·馬爾蒂尼（1607—1661），漢名衛匡國，明清之際來華的耶穌會傳教士，主要著作有《論韃靼之戰》《中國歷史初編》等。——譯者注

了一本《西儒耳目資》。這是一本用羅馬字研究漢語發音的
著述，由金閣尼所寫，已陳列在展室。隨着翻譯事業的發
展，這種學問的重要性日漸凸顯，也得以不斷進步。

　　如此，西學在中國得到了大發展。進入清朝以後，明朝
時期慘遭迫害的天文學家湯若望也迎來了他人生的巔峰。湯
若望的曆算之法深得清政府信賴。自清以來的曆法都是基於
西洋曆算制定的。利瑪竇、徐光啟、湯若望等人的肖像在基
歇爾 [①] 記述中國情形的著作當中都有，也已陳列在展室。

曆算的成功者南懷仁

　　天文曆算方面，人們越來越信任西法。到康熙帝時，
南懷仁取得了巨大成功。前面說過，康熙帝十分熱衷西洋
學問，胸懷統一各族的雄圖大志，並不獨尊中國學問。他很
尊重中國學問，同時也尊重西洋學問，積極任用洋人。南懷
仁深得康熙帝寵信。清朝此前一直使用元朝製造的觀測儀
來觀測天象。南懷仁奉康熙帝之命，開始製造新的觀測儀。
這些觀測儀現今保存在北京天文台。八國聯軍侵華戰爭之
前，觀測儀一直保存完好。八國聯軍侵華戰爭爆發以後，儀

---

① 基歇爾（1601—1680），德國耶穌會士，在數學、光學、音樂學、考古學、
　東方學等領域均有建樹，著述頗豐。主要著作有《埃及語言之復原》《地下
　世界》《中國圖說》等。——譯者注

來華傳教士南懷仁

器被法國人和德國人掠走。由於德國始終拒不歸還，中國只
好做了一個小型觀測儀充數。總之，南懷仁所造的大部分觀
測儀一直保存至今。從那時起，中國國家天文台欽天監規
定：欽天監監正除中國人擔任以外，必須有一名洋人擔任。
這項制度延續至道光年間。也就是說，直到鴉片戰爭爆發
之前，清朝的天文制度都規定要選用一名洋人擔任要職。

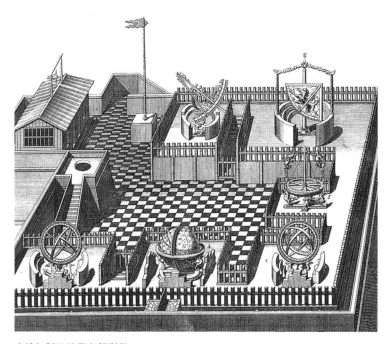

南懷仁製造的天文觀測儀

這項規定對中國的一般學問影響極大。最直接受到影響的
自然是天文、數學。當時的中國學者不僅研究本國數學，
而且開始研究西洋算術。梅文鼎的《曆算全書》就是一部中
國人研究西洋數學的偉大著作。

康熙乾隆年間的地理探險以及外交（傳教士的任用）

從重用南懷仁起，康熙帝已經意識到，西洋人比中國人

掌握的知識更精確實用，於是打算將其應用於其他學問和政治實務上來。其中，地理探險以及地圖測繪方面的應用最成功。這些都是天文學的應用成果。中國地圖在此之前十分奇怪，粗糙簡略得不成體統。繪圖師基本採用計里畫方的方法，畫一個四四方方類似棋盤的東西，上面填入地名，大體拼湊而成。這可能是因為中國天文學不夠發達，學界也從未測量過土地的經緯度。康熙帝時，清政府首次測量土地經緯度，確定主要城市位置；確定土地位置以後，再制定方針，繪製地圖。當然，這些都是西洋人提出的想法。如此，中國終於繪製出了全新的地圖。繪製這幅地圖的過程可謂艱苦卓絕。西洋人中地理測繪方面的專家大量被遣往中國內地、蒙古及滿洲，後來還被遣往中亞。西洋人去不了的地方，譬如西藏，則由西洋人挑選蒙古人中的有識之士，教授簡單的測繪知識，然後將蒙古人遣往西藏，讓西藏人為他們做嚮導，繪製西藏地圖。從那時起，中國地圖才變得精確起來。不僅如此，之後再也沒有出現更好的地圖。也就是說，這時的地圖雖已十分精確，可越往後來，地圖測繪卻越是退步。康熙年間由於任用洋人，中國的地圖得以繪製得十分精確。道光年間的地圖卻一代代地退回到以前那種粗劣的中國式地圖畫法。即便現在，我們要看中國的大致地形時，參考的還是康熙時期的地圖。西洋人也一樣，儘管市面上有各種各樣的書籍，但看中國地形時，參考的也都是舊時的地圖。

譬如，法國出版的唐維爾的《中國新圖集》是根據當年分赴
各地探險的人們繪製的各地地圖整合而成。京都大學收藏
了唐維爾的《中國新圖集》，已經陳列在展室。杜赫德的《中
華帝國全志》也一同展出。這些地圖都是根據滿文記注的中
國地圖繪製的。而這些滿文記注的地圖現今也都保存完好。
我和小川琢治教授分別在奉天、北京給部分地圖拍了照，
今天都陳列在展室。西洋人應該就是以這些滿文記注的地
圖為底本，標注羅馬字以後，將其送回了國內。中國也製了
漢字版本。康熙年間所製地圖有總圖和分省圖，我們手上只
有分省圖。這些分省圖雖然沒有加入經緯度，卻也十分精
確。一眼看去，最醒目的就是將山峰繪成了山脈。以前的
中國地圖上，山峰只是散亂分佈，不會繪成山脈，而康熙時
期的地圖卻繪有山脈。不過，這也僅限於康熙時期的地圖。
乾隆帝以後的地圖上，山峰又變成了獨峰，沒有連成山脈。
所以，康熙時期繪製的地圖相比之下是最好的。這都得益
於清政府對洋人的任用。在此之前的中國地圖都非常粗略，
滿洲、蒙古一帶的地圖更是如此。雖然可以想像這些地圖
有多麼低級，但前些年在北京時，我有幸發現了一幅以前的
地圖。當時，為了把地圖全部複製下來，我沒日沒夜地花了
三四天，才把地名標好，帶回了日本。大家看看它就能知道
以前的地圖有多幼稚，有多不成體統。後來，中國地圖的繪
製技術憑着西洋人帶來的知識得以突飛猛進。直到今天，

西洋人仍以那時的地圖為準，在中國各地實地測繪，進行完善。可中國國內的地圖測繪日漸退步，直至清朝末年才開始重新研究西洋的地圖測繪方法。總之，當時的地圖測繪取得極大發展，與此相關的東西都已陳列在展室。

西洋人不僅在繪製地圖方面深受重用，還在外交方面得到任用。昨天我們提過，考慮到與俄國打交道時需要用到西洋知識，康熙帝派遣內大臣索額圖前往黑龍江與俄國談判時，還派了西方傳教士徐口升、張誠作為顧問一同前往。中俄邊境所立碑石的碑文當中，除俄文、中文以外，還刻有拉丁文。由此可見，西方傳教士也曾參與中俄外交。

總之，康熙帝在一些重要事務上積極任用洋人。乾隆帝後來也繼續任用洋人，讓他們繪製地圖。不過，乾隆時期國家富庶，比起實務領域，娛樂消遣方面的發展更大。

西洋藝術的應用

一、繪畫

清朝對西洋人的任用突然轉向藝術方面，可謂一大奇觀。康熙年間，西洋技法在藝術方面已有所應用。康熙帝曾命人繪製有名的《耕織圖》。自古以來，中國皇帝都需了解民間疾苦。繪製《耕織圖》也成為表達帝王體恤民情之意

的慣例。我們去京都的寺廟時，經常能看到元信 [1] 的畫。畫作描繪百姓耕種情形，與《耕織圖》比較相像。康熙帝時的《耕織圖》由學習西洋畫法之人——焦秉貞所作。這幅畫的特別之處在於融入了西方透視畫法，使遠景和近景均清晰可見。以前的中國畫透視畫法很不成熟。而焦秉貞的《耕織圖》則採用西洋畫法，清晰表現了遠近縱深。焦秉貞深受康熙帝寵信，畫作無數。只是近年來已經很難看到他的真跡。幸運的是——雖然對中國是個不幸——革命戰亂使這些畫作又重現世間。我們再說《南巡圖》。《南巡圖》描繪的是康熙帝南巡時的情形，用筆細膩精緻，採用遠近法也是其一大亮點。這幅《南巡圖》是羅振玉先生的藏品。此外，由於市面上出現許多西洋畫作，所以研究西洋透視畫法的書籍也開始被翻譯出版。這些都與中國繪畫趨向採用西法不無關係。不過，西畫東漸發生在更早以前。

　　順序有些亂了，下面我們來看「綱目」中所列的「自然的影響」。之前說過，明末已有大量西洋人來華，並帶來了許多畫。而且，既然是天主教，必然要興建教堂，繪製壁畫。那些精美絕倫的典型的西方壁畫一定也對中國產生了

---

[1] 即狩野元信（1476—1559），日本室町時代畫家，狩野派始祖狩野正信之子，成功將土佐派大和繪的繪畫手法融入中國水墨畫，奠定了桃山時代狩野派隔扇畫的基礎畫風。代表作有《大德寺大仙院客殿襖繪》《妙心寺靈雲院舊方丈襖繪》等。——譯者注

康熙帝南巡

很大影響。其中，受西洋畫法影響最大的就是這裡列出的畫
家吳歷。吳歷是清初畫壇六大家之一，極負盛名，畫作多採
用西洋畫法。雖然他也有不用西洋畫法的作品，但大多都是
西洋畫法。大原先生 ① 所藏吳歷的《枯木圖》用的就是西洋
畫法，今天也借來陳列在展室中。從吳歷的傳記和別的地方
都可以看出，他與天主教頗有淵源。由於信仰西洋宗教，吳
歷還去過有「洋人集中地」之稱的廣東、澳門旅行，留下一
本類似見聞記的東西。展室展出一封吳歷寫給王石谷的書

19 世紀中期的澳門

① 　疑是日本實業家、收藏家大原孫三郎（1880—1943）。1930 年，大原孫三
　　郎在日本岡山縣倉敷市設立大原美術館。──譯者注

信真跡。王石谷是清朝無人可及的大畫家，在當時頗負盛
名。從信中可以清楚地看出，吳歷是信奉天主教的。書信
內容如下：「憶在蘇堂相會，計有二十餘年。人生幾何，違
闊如是。仰惟先生之名與智，傑出於眾，但百年一着，為之
備否？若得今忘後，得地失天，非智也。為君計之，朝斯夕
斯，省察從稚至老，纖慝無遺。蓋告解時傾心吐露而願改，
解後補贖得嘗，虔領耶穌聖體，兼領聖寵，以增神力，即有
升天之質。」王石谷並非天主教徒，可吳歷的口吻卻完全把
他當成了信徒，可見其信教之狂熱程度。所以他的畫作肯
定也受到了天主教的影響。如今我們有幸一睹畫作的真跡，
也是一椿樂事。來到日本的也有一些有名畫家，譬如喜畫
觀音的黃檗宗高僧陳賢。看陳賢的畫時，多少能看到一些
西洋畫的影響。因此，不僅僅是吳歷，那個時代與西洋人直
接接觸的畫家，恐怕多少都受到了西方的影響。

　　諸如此類的例子還有很多。總之，康熙帝時期，在皇帝
的倡導下，中國人漸漸開始關注西洋畫。不可思議的是，後
來西方畫家竟也反過來作起了中國畫。其中有個很有名的
意大利人，叫郎世寧。郎世寧是康熙中期至乾隆中期的人，
在中國去世，是中國最有名的西洋畫家。此人傳世作品很
多，部分被收藏在京都大學。雖然郎世寧是個西洋畫家，但
他在中國生活六十年之久，期間開始學習中國畫，創作中國
畫。據中國史料記載，郎世寧多畫中國山水畫。西洋人畫中

國畫常常缺少一種中國人叫做「士氣」的東西，而郎世寧的
作品則士氣十足，為中國人稱道。不過今天看來，郎世寧的
畫作重在寫生，山水畫並不是特別出眾。總之，西洋人學作
中國畫也是件新鮮事。郎世寧的西洋畫也很不錯，此處列出
的《竹葉亭雜記》中就詳細記載過此事。書中寫道，康熙乾
隆時期，大天主教堂共有四個，分別是東堂、西堂、南堂、
北堂。其中南堂的壁畫就是郎世寧畫的。壁畫完全採用西
洋畫法，遠近縱深表現清晰，人物幾欲浮出畫面。總之，郎
世寧熟練掌握西洋畫法，對中國畫也頗有興趣。他深受乾
隆帝的寵信，是乾隆帝的御用畫師，奉命畫過許多作品。雖
然也有其他西洋人學作中國畫，但郎世寧是最主要的代表
人物。

　　中國歷朝都設有畫院。康熙至乾隆年間也仿此例設置
畫院，命名「如意館」。皇帝喜歡的畫師都被召到這裡供職，
郎世寧就是其中之一。此外，也有畫山水畫或寫生畫的畫師
供職於此。清朝畫院在乾隆帝時達到鼎盛。宋徽宗設置畫
院之初，出現一種院體風格。明朝宣德年間設置畫院，徵召
大量畫師，也畫出一種院體風格。帝王大多喜好消遣遊樂之
畫，不求氣韻高雅，富有奇趣，但求畫面精美，生動有趣。
因此，即使在繪畫的鼎盛時期，院體畫也多有這種傾向。清
朝的院體畫也不例外，形成一種院體風格。民間的山水畫
名家不管平常作品如何氣韻高雅，一旦進宮奉命作畫，作品

《乾隆帝雪景行樂圖》，郎世寧繪

郎世寧創作的山水畫

便也成了院體風格。與其他畫作對比來看,畫院裡畫師作品的特點再突出不過了。關於這點,等到講清朝書畫時,我們再邊看畫邊講。總之,西洋人在畫院當中佔有重要地位,這一點是值得注意的。我挑了一些畫院畫家的畫放在展室,以供大家參考。其中陳枚、郎世寧、吳歷等人的畫作都是中國院體畫的一些代表作品。總之,清朝時,中國的繪畫風格受到了西洋藝術的極大影響。

二、銅版畫

西方的美術工藝也漸漸影響了中國。其中影響最大的是銅版畫。日本也有從西方傳來的銅版畫。司馬江漢 [1] 將銅版畫引入日本,開創一種日本畫法,以其妙趣橫生的特點廣為流傳。銅版畫傳入中國則更早一些。中國的銅版畫並非都出自洋人之手。有證據表明,早先的銅版畫雖出自洋人之手,但後來大多由中國人繪製。乾隆時期,銅版畫達到鼎峰。乾隆帝是個好大喜功的人,只要出征某個地方打了勝仗——中國所謂勝仗並不可靠,達成和議往往也叫勝利——就要作詩留念。若是大些的勝利,還要在太學立碑。不僅清

---

[1] 司馬江漢(1747—1818),日本江戶時期畫家、學者。早年入鈴木春信門下學習浮世繪,後來興趣轉向西洋畫,開始創作油畫,並成為日本最早的銅版畫家。主要著作有《不忍池圖》《天體地球圖》《江漢西遊日記》《西洋畫談》等。——譯者注

乾隆時期的銅版畫《解圍黑河》

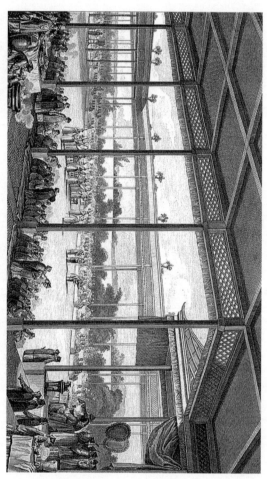

《乾隆平定西域得勝圖》

朝如此，中國自古以來打了勝仗都要在太學立碑。日本若
也如此，一定很有趣。中國有所名為辟雍的太學，打了勝仗
一般都會在此立碑告功。清朝時期，乾隆帝打了勝仗，譬如
平定伊犁以後，也在太學立了塊很大的碑，記述戰爭經過。
不過，好大喜功的乾隆帝後來不再滿足於在太學立碑告功，
開始想用繪畫傳播他的功績。由於傳教士會作西洋銅版畫，
乾隆便想用它來宣揚自己的戰功，銅版畫就此興起。今天
展室展出的兩幅銅版畫是銅版畫中最早的和新近的作品。
最早時期的銅版畫可能出自西洋人之手，因為中國人的衣
服畫得很像洋人的衣服，年號也是用洋文寫的。後來，西洋
人開始教中國人作銅版畫，漸漸便有了中國人的畫作。因
此，道光年間的銅版畫中，面孔成了中國人的面孔，山水也
是中國風格。但銅版畫最終還是日漸衰落。我們在展室陳
列了一些樣本。銅版畫在中國只是皇帝的一種消遣娛樂，
並沒有像在日本一樣普及流行。不過，到底是皇家御製，做
出來的銅版畫都十分精美。如此，西洋事物逐漸被中國吸收
採用。

三、玻璃器

　　下面我們說說尚有諸多疑問的乾隆玻璃。我去問中國
學者羅振玉時，他也說不清楚。這些玻璃器物近年在西方

極受追捧，大量被出口西洋。我有個朋友中川忠順[1]，去年到今年的這段期間，都在波士頓鑒賞審查美術品。他在那邊看到乾隆玻璃後，也是一頭霧水，搞不清楚。可西方人斷定這些玻璃絕非西洋人所造，而是由中國人在中國造的，將其稱為「乾隆玻璃」。其中也有一些不同年份的製品，但應該都製於康熙至乾隆年間。我也去中國的日本古玩店打聽過，據古玩店的人說，這些玻璃產於山東博山。總之，很多情況直到現在依然搞不清楚，也沒有發現相關記載。反正西洋人認為，那時的中國玻璃比現在的玻璃要精美得多。雖然如今尚有許多疑問，但大家可以先去看看實物。

四、音樂

音樂方面，中國也深受西洋影響。今天我們去中國聽音樂時，最能聽出西方元素的就是洋琴。洋琴的音色並不怎麼好聽。根據史料記載，中國還對西洋音樂做過研究。康熙帝對音樂頗有興趣，曾敕令編纂《御製律呂正義》，對歷代音樂家關於中國樂理中的十二律呂，以及十二調之本黃鐘之宮的爭論下了定說。因為這時已有西洋人來華共同參與研究，所以《律呂正義·續編》當中還論及西方樂理知識。

---

[1] 中川忠順（1873—1928），日本學者，曾任帝室博物館（現東京國立博物館）研究員，主攻東洋美術史，著有《雲岡石佛》等。——譯者注

中俄外交時任用過的葡萄牙人徐日升就精通音律，將西方
樂理傳入了中國。他把弦音高低與聲音高低的相和稱為「和
聲」，以此為基準論述樂理。此後來到中國的意大利人德禮
格也很精通音律。這兩人的理論大體相同，並無二致。除
闡述樂理之外，《律呂正義·續編》還詳細記述了西洋音樂
的記譜方法——從如何畫橫
線到如何標記西洋音樂中的
符號——可謂事無巨細。由
此可見，康熙帝時已經有了
研究西洋音樂以供中國參考
的想法。除皇家研究以外，
民間也有人對西洋音樂抱有
興趣。譬如著有《聖武記》
的著名歷史學家魏源。為研
究西洋事務，魏源曾前往澳
門。日本人學習洋務去長
崎，中國人則去澳門。魏源
去澳門以後，在一個西洋人
家裡做客時，有一個眼神清
澈的外國女孩為他彈奏了一
首鋼琴曲，令他歎服不已。
他為此還作了一首長詩。可

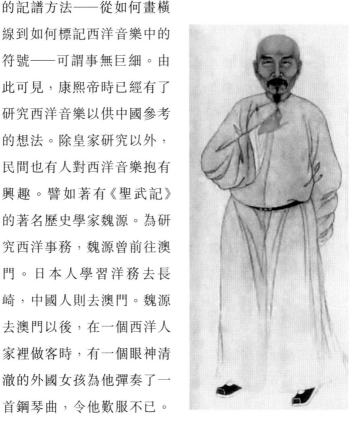

魏源

見，魏源是個很新潮的人。雖然我們不知道他的研究成果如何，但他確實深深為西洋音樂所折服。較之皇家的研究，這些研究可能更使西洋音樂真正走進了中國。不過，如今的中國音樂還是純粹的中國音樂。究其原因，可能是中國這種古老的國家，即使研究外國事物，也只會將其內化成自己的東西。雖謂之研究，卻也只停留在興趣層面。

五、數學的發展

接下來我們說說數學。我對數學一竅不通，所以可能講得不是很清楚。之前說過，在西洋數學的影響下，中國出現了很多數學著作。道光年間，有位西洋數學造詣很深的大數學家，叫李善蘭。近來研究西洋數學的著作，大多是由他翻譯的。其實，除數學家以外，西洋數學對中國的歷史學家和經學家也影響巨大。西洋數學盛行之際，需要研究天文曆算的經學家和歷史學家也無不對它加以留意。因此，中國學者中不乏數學造詣頗深的歷史學家和經學家。譬如歷史上的長春真人曾受成吉思汗邀請，在不遠萬里前往中亞覲見的途中看到了日食。中國的歷史學家已經開始嘗試據此計算當地的經緯度，判斷那次日食相當於歷史上的哪次日食，進而考證其地理位置。諸如此種，其他領域也受西洋數學影響頗多。中國人向來注重面子。為了證明不只西洋有數學，中國古代也有數學，清朝還興起了研究中國古代數學的風

李善蘭

林則徐

氣。一時之間，不夠發達的中國古代數學獲得一片叫好聲。

數學領域大家輩出的同時，鴉片戰爭的爆發使林則徐等人開始關注西方。《瀛寰志略》隨之問世。《瀛寰志略》在日本也廣被翻刻。明治維新以前，日本對西洋的認識大多來自此書。《海國圖志》也對日本人了解西方起了巨大作用。另外，經小川琢治教授提醒，今天展室還展出了一些地質學方面的書。這些書籍都是鴉片戰爭時期中國人關注西方的成果，大都被翻刻成了日文，極大地推動了日本對西方的研究。所以，日本西洋學的發展很大程度上離不開中國的這些書籍。

六、兵器

下面我想稍微講講兵器。清朝末期，李鴻章為平長毛之亂，雇傭英國將軍戈登率軍作戰，便使用了西洋兵器。自此，西洋兵器才傳到了各地軍中。不過，清朝也因這些兵器而亡。明朝時期，明軍使用

戈登

的西洋兵器後被敵軍所用，導致明朝滅亡。而清朝也是由於使用西洋兵器，致使湖北一帶暴動，最終走向了滅亡。

七、中日採用西法之異同

其次所列為「中日採用西法之異同」。首先我要說明的是，雖然中國自古以來都積極吸收西洋文明，但始終難以將其融入本國學問，進而形成中國人的思想。原因之一可能是中華文明博大精深，一定程度上阻礙了對外來思想的吸收。但除此之外，也有可能是方式方法的問題。日本廣泛吸收西洋文明始於幕府第八代將軍時期。與中國一樣，日本最先引進的西方文明也是天文曆算。之後，西洋學問開始在民間盛行。在中國，數學這些形而上的東西更盛行，而在日本則是醫學、實驗科學更發達。杉田玄白①等人的積極倡導為今日盛行的西學奠定了基礎。這些先行者多為醫生。後來許多醫生還搞起了副業，旁及地理學、兵學等。所以，德川幕府末期，醫生成為兵學家的事情常有。他們從事的方向甚為廣泛，但根本還是醫學。這就是中日之間的不同之處。在中國，西洋曆算、藝術的吸收由君主的個人好惡決定，與百姓實際生活中的需求相去甚遠。而在日本，雖然學

---

① 杉田玄白（1733—1817），名翼，字子鳳，號鷗齋、九幸，日本江戶時代著名醫者。其譯著《解體新書》為推動日本醫學發展做出巨大貢獻。——譯者注

習西法同樣始於曆算，但民間學者很快便參與其中，開始從事與人們生活關係密切的醫學研究。也就是說，西學是從實用領域傳入日本的。可能正是這一點，才使日本人比中國人更容易接受西方人的思想。當然，日本不像中國擁有根深蒂固的文明，所以可能更容易接受外來思想。但西法採用方式的差異也是造成其不同結果的一大原因。文明在中國只屬於君主、貴族等上層社會。這些人並不看重實驗科學這些人們生活中所必需的東西。無論百姓過着如何貧困生活，貴族階層都不大可能關注。他們只會習以為常地研究數學這些接近空想的學科。而在日本，學者大多都是窮人。只有蘭學 ① 算是依靠大名的保護發展起來，貴族才多一些。相比之下，中國民間不僅不崇尚學問，反而認為做學問是極為煩瑣、令人生厭的事情。正因如此，中國才會天文數學一枝獨秀，人才輩出；經學史學略受影響；而根本的國民文明並未受到太大影響。

　　時至今日，西洋文明在中國依然偏屬於上層社會，與下層人民關係不大。而日本對西洋文明的採用始於醫學，對人民的根本生活產生了廣泛影響。因此，西洋之優秀文明使日本文明得以改頭換面。這就是中日之間的不同之處。今天就講到這裡，明天開始講經學。

---

① 　江戶中期以後，人們統稱通過荷蘭語研究西洋科學文化的學問為「蘭學」。德川幕府閉關鎖國期間，蘭學成為日本了解西方的唯一窗口。——譯者注

第 4 講 經學

宋學

今天我們講經學。之前也說過，我這次的演講會儘量避開政治方面，主要講文化方面。截至目前，我們首先講了作為文化中心的帝王之事，後來又講到清朝的特有文化，也即這種異邦語言的相關情況，以及貿易對財政經濟的一些影響，對文化的奠基之功。再後來，我們還講到帝王對外國文化的吸收。從今天起，我們開始講中國國內的、本國的文化。

像中國這種歷史文化悠久的國家，每逢太平盛世，國家穩步發展之時，一般都會復興本國傳統文化。清朝國泰民安、國力強盛之際，本國文化也得到了極大發展。中國自唐朝以來，即使偶有戰亂爆發，也幾乎沒有因連年戰事造成的黑暗時代，文化傳承得以綿延不斷。所以，清朝的文化興盛是指早前就很繁榮的文化隨着時代的變遷有了新的發展。

　　清朝文化當中發展最繁榮的首推學術，而經學又居於
學術之中心。清朝經學達到了兩漢以來前所未有的興盛程
度。經學研究推至一般學者，而且開始具有真正的學術性，
這是兩漢時期不曾有的。清朝的經學研究在中國學術發展
史上可謂史無前例。當然，經學並非在清朝時期突然興起。
明朝時期，受宋、元時期的影響，宋學十分盛行。雖然籠統
地將其稱為宋學，但除程朱理學以外，還包括陸王心學。
明初，程朱理學與陸王心學分營對壘，不相上下。到明末

顧炎武

時，學者之間興起一股講學
之風。所謂講學，是指不僅
鑽研學問，還要像我今天來
這裡演講一樣，以所做學問
為演講材料，用禪宗的問答
方式，通過口頭空論來研究
學問。不就事實進行研究，
而以口頭空論來做學問被稱
為講學派。參考書目最開始
列出的顧炎武、黃宗羲二人
則極力反對講學派。儘管如
此，講學派仍有學者輩出，
譬如這裡列出的孫奇逢、李
中孚等人，他們都延續了明

末的治學方法。明末講學派中，陸王學派的講學之風較之程朱學派更盛。萬曆年間以小說批評家之名為日本人所聞的學者李贄曾剃髮，穿僧服，拄手杖，允許男女混雜一堂聽他講學。這在中國是非常忌諱的。顧炎武一派對此極力反對。顧炎武本為朱子學者，在對講學風氣的批判過程中開始傾向於以事實來研究學問，漸漸疏離朱子學說，成為清朝與程朱理學對立的漢學一派的開山之祖。同時，顧炎武不失宋學精神，可謂既取宋學，也為漢學開山。我們再看黃宗羲。明末時期，黃宗羲起兵抗清復明，曾遣使日本請求

黃宗羲

援兵，後來看到明朝大勢已去，才棄政從文。他與王陽明是同鄉，雖所學出自王陽明，但由於自己前朝餘黨的身份，不願拋頭露面，因而排斥講學，傾向於以事實研究學問。隨着研究的日益興盛，後來又分出了浙西學派和浙東學派，分別

由顧炎武和黃宗羲開其端。我們來看看浙東、浙西的大略地圖。錢塘江就在浙江，浙江以東的學派稱為浙東學派。這裡是寧波。寧波有個地方叫餘姚。餘姚既是黃宗羲的出生地，也是王陽明的故里。除這兩人是浙西、浙東學派的開山始祖以外，參考書目中還列了很多名字，由於時間關係，這裡就略去不提了。顧炎武後面寫着徐乾學，意思是徐乾學對顧炎武的學問有所繼承。黃宗羲下面的萬斯大、萬斯同也繼承了黃宗羲的學問。徐乾學後來深得康熙寵信。之前我們講過，徐乾學曾經深居洞庭山，邀請眾多學者編纂《一統志》。此外，他還有別的匿名編纂的著作。徐乾學下面所列的納蘭性德是個年輕的滿洲旗人學者。徐乾學出於政治上的考慮，曾經編書並讓名於納蘭性德，以此拉攏滿人。現今保存下來的《通志堂經解》就是徐乾學編纂，但冠以納蘭之名的一部巨著，收羅了宋元明三朝經解。清朝那時只有宋學。本着將宋學著作全部收羅在內的初衷，《通志堂經解》得以問世。其實，這部著作完全就是徐乾學用早前搜集來的資料，掛納蘭性德之名刊刻成書的。徐乾學是顧炎武的外甥，雖然對顧炎武之學有所繼承，但兩人性情大不相同。顧炎武一生拒絕仕奉清政府，而徐乾學卻比較精於人情世故。不過，顧炎武學說中宋學的相關部分對徐乾學影響頗多。以上就是清初宋學一支獨秀的情形。

宋學當中又有孫奇逢等兼採陸王程朱之學的一派、程

朱派和陸王派三個學派。他們與顧炎武、黃宗羲不同，都出自講學派。孫奇逢、李中孚等人到了清朝也仍四處講學，名譟一時。雖然也有人藉着講學沽名釣譽，但也不乏像李中孚這種清政府屢召不仕的名士。總之，以上這些都出自講學派。

清初的宋學就是由這些人締造的。不過，這個時代──主要指康熙以前的時期──清朝的宋學尚未形成氣候，只是初具清朝特色。所謂清朝特色的宋學，就是講學的同時，雖不至考究事實，卻也遍覽經書，腳踏實地去做研究。這些人當中，程朱學派中的李光地曾研讀當時已經脫離宋學的顧炎武的著作，漸漸流入顧氏之學。因此，康熙以後的清朝宋學和明朝時期大不相同，不再空談講學，開始注重讀書。

李光地

再下面所列姚鼐、方東樹等人的宋學，其實已是後來之事。這裡暫不說。姚鼐以下的宋學是指受到清朝漢學影響之後的宋學，以後我們再講。

漢學

清朝經學當中最具特色的是漢學。雖然凡是中國學問，日本都稱之為漢學，但清朝所謂的漢學是指漢朝學問。隨着宋學漸漸被世人嫌惡，人們開始上溯漢朝，鑽研漢世之學。所謂漢學，一言以蔽之，就是不講學。這是治學方法上的不同。此外，漢學派十分崇尚樸學。簡單來説，樸學就是閉門窮經，注重考據。中國人做學問，流於浮華的人有人在，譬如上面説到的以演説為主的講學，或者撰文作詩以博取名聲的做法。而樸學則對追名逐利、迎合世人的學問棄若敝履，只是關起門來潛心治學。在清人對樸學的推崇下，學問不再流於裝飾，開始成為經世致用之學。因此，漢學派貫徹如一的治學主張就是實事求是。「實事求是」一詞最早出自《漢書・河間獻王傳》，即治學必須從事實出發，不能只是空談。這就是清朝漢學派的學術主張。

一、初期

歷經變遷，經學發展到了這裡所列的閻若璩、朱彝尊、胡渭等人的時代。綱目中寫着「以上清初之學尚屬草創」，也就是説，這些人都是漢學發軔之初的學者。不過，他們其實並非純粹的漢學家。譬如閻若璩就出身宋學，只是他對程朱理學從不盲從，而是親自一一考據經籍來做學問。閻

若璩有本很有名的著述，叫《尚書古文疏證》。歷史上廣為流傳的《古文尚書》編於東晉時期，沿用多年。宋朝時期，朱子等人開始懷疑《古文尚書》中混有偽作，閻若璩對此進行了深入研究，將其偽跡一一辨出。不過，這都基於朱子的懷疑。此外，閻若璩還著有《四書釋地》。宋學雖研究四書，可到後來，純粹的漢學只研究《論語》和《孟子》，不研究《大學》和《中庸》。而閻若璩仍然研究四書，可見他尚未脫離宋學。下邊的毛奇齡是蕭山人，學問多受王陽明影響。因出自陸王學派，他對程朱理學百般抨擊；又因批判朱子學說，他對閻若璩的《尚書古文疏證》也持反對態度。閻若璩漸趨漢學。毛奇齡雖出自陸王學派，也漸趨漢學。總之，康熙時期，能人學者輩出。宋學等以講學為主的空疏學風受到猛烈批判；漢學興盛之兆初現。此外，還有張爾岐研究禮學；朱彝尊研究經書提要，並撰寫有名的《經義考》；胡渭則深入研究《尚書》中的地理內容以及部分《周易》。這些人雖稱不上是純粹的漢學派，卻開啟了樸實無華、實事求是的治學之風，為漢學的發展奠定了基礎。

二、中世極盛期

此後，漢學不斷發展壯大，漸成氣候。同時，因地域、師承、家學不同，漢學分成了不同派別。「綱目」中的吳派、皖派等，有些是我自己起的名字，有些則是一些廣為流傳的

說法。這裡列出吳派、皖派、北學、揚州學派、閩學、浙東學派、常州學派，並標有「以上為中世極盛之期」，意思是從吳派至常州學派都屬於漢學全盛時期。漢學全盛時期形成了以上眾多派別。漢學全盛始於乾隆時期。康熙時期尚屬宋學的天下。雖然初有顧炎武，後有閻若璩、毛奇齡等人，但總體仍是宋學的天下。而且，康熙帝十分尊崇宋學，身邊有宋學名臣李光地。雖不謂之為師，但康熙帝卻常與他探討學問。李光地後來還奉旨編修《朱子全書》，輯錄朱子的全部著述文字以及相關書籍。不僅皇帝尊崇宋學，民間亦是宋學的天下。從這時起，皇帝已經有了為古來經學做定說的想法。許多著述紛紛問世，其中最有名的是《三禮義疏》。禮學之興意味着學問開始不尚空談，轉向注重事實，漸漸呈現出了康熙時期宋學的特徵。參與禮學研究的學者有方苞等人。宋學雖仍為宋學，卻不再囿於四書，開始研究禮學，可謂清初學問的一大特徵。總之，這時仍是宋學的天下。但乾隆時期，學術風潮突然從宋學轉入漢學。乾隆雖自幼接受宋學教育，但他崇尚學問，廣讀博覽。久而久之，民間學風也為之一變。「吳派」所列的第一個人惠周惕是吳派的開宗立派之人。雖然惠周惕尚未脫盡宋學之風，但到了第三代惠棟時，漢學已真正確立。惠氏是蘇州經學世家，三代相傳，影響深遠。余蕭客、江聲等人深受惠棟影響；兼治經史的王鳴盛、錢大昕等人也深受惠棟影響。余蕭客、

錢大昕

江聲是直接受其影響；王鳴盛、錢大昕則是間接受其影響。

　　再下邊是「皖派」。這裡的皖指地跨長江的安徽。長江以南多為深山，民風頑固剛強。皖派就興起於此地。皖派的中心人物戴震師承江永。江永治學兼採漢宋，承襲顧炎武之學，對顧炎武的部分學問進行了更細緻的研究。到戴震時，學問取得極大發展。之所以這麼說，是因為直到此前，顧炎

武等人的治學方法雖謂為實事求是，卻很空泛模糊，並未有
家法或師法形成。所謂家法和師法，是指某個學派系統的
治學方法。漢朝時期，各家均有專治學問，研究《易經》的
只研究《易經》，研究《書經》的也只研究《書經》，各有各的
家法。因此，研究必須在家法的約束下開展。清朝學者繼
承了這個做法，主張治學不能沒有師法，也不能沒有家法。
不過，清朝的師法和家法與漢朝時期稍有不同。漢朝時期，
如研究《易經》，就只能傳授所承之學；研究《書經》，也只
能傳授所承之學。研究《書經》的又有兩至三家，方法各不
相同，各自傳承。到清朝時，師法和家法變得更學術化和系
統化。對此有奠基之功者就是戴震。顧炎武的部分學問，
譬如中國稱為小學的傳統語言音韻學雖已自成家法，但所有
學問均有家法，形成一套放之四海皆準的法則卻始於戴震。
所以戴震可謂清朝漢學的代表人物之一，地位極其重要。
戴震壽命不長，只活了五十幾歲，但其學術地位卻很高。戴
震沿承顧炎武的研究，主攻語言音韻學。語言音韻學的研
究為甚麼很重要呢？研究距今兩三千年以前的事情時，宋
學家往往以今義解古文。就好比讀日本《萬葉集》①時，將詩
歌中的語言擅自按照現代意思解釋，注解既不充分也不準

————
① 《萬葉集》是日本現存最早的詩歌總集，共二十卷，作者和成書年代不詳。
　8世紀末，全卷編纂完成，共收錄四千五百餘首和歌。——譯者注

確。而漢學派主張，古代的語言必須要用古義去解。因此，研究語言的學問就變得很有必要。西方稱研究語言的學問為語言學，中國則稱之為小學。小學既有分析字形的學問，也有研究字音的學問，分為文字、音韻、訓詁三個部分。小學的研究法則始於顧炎武，至江永、戴震時得到確立。此外，江永等人這時已開始關注禮學。後來，戴震等人為部分禮學奠定了更準確的基礎。禮學當中，尤以《考工記》最艱深。《考工記》記述的是周朝工具的製造方法。譬如車輿如何製造，大鐘如何製造，木器、銅器又如何製造。如果不知道這些，就不可能真正了解周朝的生活。戴震認識到了這項研究的重要性，便開始着手研究《考工記》，考察當時實際使用的工具以及所有與生活相關的實物。不過由於那時很少挖掘遺物，所以他主要是從書本上做研究。除音韻學、訓詁學以外，戴震也很注重思想方面的研究，並寫下《孟子字義疏證》一書，考證宋學家之言論是否如實地闡釋了古人思想，有無曲解。清朝漢學在思想方面並未取得很大進步，倒是上面提到的小學和禮學取得了很大發展。總之，戴震以這三種學問為治學之基礎，可謂他的一大特點。

皖派與吳派的不同之處在於，吳派之學、惠氏一家的學問因興於蘇州這個喧鬧繁華的文明中心，治學同時也作詩文，學問自然偏於活潑。惠棟作為漢學元祖，雖對《易經》《尚書》深有研究，卻未能拋開詩文。治學之餘，他還為大

詩人王漁洋的詩文作注，聊以消遣。所以，吳派的治學態度可謂玩樂之餘，悠閒治學，一開始並不確立法則，而是每有成果，再在此基礎上更進一步研究。皖派則相對規範些，開始時便確立目標，按照既定法則開展研究。這種情況，法則錯了會很麻煩，所以皖派治學會儘可能在一開始就確立正確

戴震

的法則，依照既定法則開展研究。以上就是清朝漢學的兩大派別，可謂清朝漢學的特色。而清朝漢學特色中的特色，當數戴震。戴震一派當中，段玉裁、王念孫在小學研究上造詣頗深。金榜、程瑤田、凌廷堪、三胡亦受其影響，心向禮學。這些人共同為清朝的漢學奠定了堅實的基礎。也就是説，吳派和皖派是清朝漢學的兩大根基。

　　這裡還列了個「北學」。北學是我自己取的名，也可以有別的叫法。由於這些人大多來自北方，所以我命名為北學。其中，張之洞雖是後來之人，不屬於這個時代，但他的思想承襲北學一派，所以也在列。北學的主要代表人物是朱筠和紀昀等。朱筠雖然沒有留下甚麼特別的著述，但他對文人學者關懷備至，可謂清朝漢學的保護人。他還曾向皇帝進言，力倡漢學，並提議編纂《四庫全書》。總之，漢學得以興盛，朱筠有提倡扶植之功。朱筠是北京人，巧的是，北京附近的河間地區還有一個倡導漢學之人。此人就是紀昀，是有清一代的大學問家。朱筠提議編修的《四庫全書》實際就由紀昀完成。紀昀還為這部薈萃中國典籍的鴻篇巨製編寫了《四庫全書總目提要》。雖然眾多學者參與其中，但紀昀作為總纂修官，事必躬親，修改潤色了所有底稿。所以，可以説朱筠發起之事實際是由紀昀完成的。紀昀編寫的《四庫全書總目提要》處處體現着漢學精神，百般抨擊宋學，無處不對漢學偏袒庇護，多有失偏頗。因此，這部典籍總目可

以說是為尊崇漢學而編。出生於北方直隸的還有一人，就是張之洞。張之洞雖然沒有特別的經學著述，但他授人方針、勸人治學這點，與朱筠、紀昀二人頗有相似之處。所以，雖然時代相隔很遠，我也把張之洞列入其中。綜上所述，北學一派雖然在奠定漢學的基礎上沒有太大作為，卻有將漢學傳播於世的功績。

接下來我們說說「揚州學派」。揚州學派的主要代表人物有汪中、劉台拱、阮元、焦循、劉寶楠、劉文淇、江藩等人。清朝時期，揚州鹽商雲集，一度極盡繁華。鹽在中國十分重要，主要產於淮南、淮北，兩淮地區是中國最大的鹽產地。中國雖然實行鹽業官營，但也允許商人承辦經營。在中國，農民很少能發大財。尤其在清朝時，巨富多是鹽商出身。這些鹽商在揚州修造邸宅，生活極盡奢侈。揚州的學問就產生於這種奢靡的社會風

紀昀

氣之中。揚州學派的學者寒窗苦讀、鑽研經學的同時，也傾
心於詩詞文學。譬如「綱目」中列在第一位的汪中，不僅經
學一流，文章也屬一流。至於他在文壇的地位，我們下次再
講。總之，能在經學和文學上同時躋身名家之列的，恐怕只
有揚州人了。再譬如，焦循既是經學家，也研究詞曲。詞曲
雖不至庸俗下流，卻是一種產生於市井坊間、風月場所的學
問。焦循對這種學問很有研究。整體而言，揚州學派的學
問都有這種特點。列在最後的江藩也是如此，既研究漢學，
也從事文學。而且江藩的文學極具清代特色。何為清代特
色的文學呢？我們幼時誦讀的唐宋八大家之文，經宋、明時
期的發展達到鼎盛；但清朝時，反對唐宋八家的風氣漸興。
江藩就曾極力批判唐宋八家之文。較之江藩，聲名更為世人
所知的是阮元。阮元和北方的朱筠一樣，也是文人學者的
保護人。阮元以及後來的畢沅都曾不遺餘力地提攜幫助當
時的學者，將他們招至門下編纂書籍。閉門窮經的漢學家
從這時起變得活躍起來，漢學漸生高調活潑治學之勢。阮元
就是其中的代表人物之一。阮元生於富貴人家，早年及第，
又深得皇帝賞識，早早便成為一代大家。他少年得志，官運
亨通，一直活到八十多歲，可謂一生得意。或許是揚州一帶
的風氣使然，也或許是生平境遇使然，阮元一改此前漢學家
埋頭故紙的治學風貌，開始大張旗鼓地研究學問。總之，如
同阮元一般，積極從政之餘，也鑽研經學文章，做起學問張

揚活潑，可謂揚州漢學的一大特點。而這也是它後來受到宋學批判的一大原因。

再下邊的「閩學」是指福建一帶學者形成的學派。傑出代表人物不過陳壽祺、陳喬樅兩人，影響不是很大。

其次是「浙東學派」。浙東學派起初研究小學，後來漸漸轉向史學。章學誠對經學有諸多論斷，見解獨特。他主張從其他角度研究經學，而不是以經學經。章學誠從史學看經學的做法其實是立足於學問之根底，大處着眼，不拘細節。他著有《文史通義》一書，十分有名。章學誠的著作我是很佩服的，也常常推薦給別人去讀。此人可謂不世出之學問奇才，他的學問也很難後繼有人。至於章學誠學問的淵源，說來話長，這裡就略去不提了。總體而言，浙東學派就是以史學之見來研治經學。

再下來是「常州之學」。常州學派後來得到了大發展。此前，漢學主要分為以惠氏為首的吳派和以戴震為首的皖派。後來，常州學派大有取而代之的勢頭。常州學派的始創人是莊存與，之後又陸續出現許多學者，使公羊之學日益盛行。與戴震相比，公羊學派做起學問來規則更嚴苛。戴震以前的漢學十分籠統，只將漢朝分為前漢與後漢，或稱西漢與東漢。吳派與皖派都復東漢之古，或以許慎的《說文解字》為中心研究小學，或研究鄭玄經學，謂為「許鄭之學」。而常州學派則反其道而行，反對東漢之學，尊崇西漢之學，

認為治學本該上溯西漢。西漢中期漢武帝時，學術發展進入全盛時期，公羊之學十分盛行。《春秋》共有三傳，《左氏傳》《公羊傳》和《穀梁傳》。公羊學派認為，《左氏傳》與《穀梁傳》都是偽作，只有《公羊傳》才是真正的學問。孔子作《春秋》，意在於書中以君王、皇帝自居。因此，孔子其實是以無冕之王，行皇帝之事，以一部《春秋》治國平天下。這種思想在西漢時期十分盛行。公羊學派的主張就是要研究這種西漢之學。雖然其中還有許多別的學問，但常州學派認為，西漢之學比許鄭之學更得孔子真傳。常州學派始於莊存與，興於劉逢祿。劉逢祿是個頭腦縝密之人，對事物見解獨到，十分聰敏。他只憑自己的判斷來做學問，對樸學派多有厭棄。全盛期一過，出現一眾怪人，不過其中也不乏天才。這些人認為，終日閉門家中，伏案考究細枝末節未免太過煩瑣。其中有個奇才，名為龔自珍。之前說過的皖派的段玉裁——戴震學派屈指可數的學者——就是龔自珍的外祖父。但龔自珍這個狂傲不羈的天才並未承其所學。龔自珍自己並未留下甚麼著述，但他大力提倡公羊之學，使公羊之學日漸盛行，以至於今天中國的年輕學者竟無人不受公羊學影響。不過，今天學者所受公羊學的影響，大多來自久居日本的康有為。康有為的學問源自現居湖南的一位八十歲老人——王闓運。王闓運門下有個弟子名為廖平，現居四川。廖平生性古怪，孤僻乖戾，雖治學思路詭異多變，但學

問功底十分深厚。康有為雖非廖平的門下弟子，卻被其詭
異多變的學說深深折服。他的著述中到處採用廖平之說，
幾乎可謂為剽竊。由於廖平深居四川山中，不問世事，康有
為又廣收門徒，所以近年來康有為的學問大為盛行。但其
實那些都是廖平之說。

康有為

　　總之，如今的中國年輕學者無人不受公羊之學影響。
其中，也有人本着樸學精神，默默無聞地研究公羊之學。譬
如下邊的皮錫瑞。此外，這裡列出的戴望曾以公羊學思想注
訓《論語》。雖然公羊學者都是些古怪天才，但公羊之學在
今天卻十分盛行。六七十年前，漢學是吳派、皖派的天下。
而六七十年後的今天，公羊之學幾乎居於漢學的統治地位。
這就是漢學發展的大體情形。

　　此外，公羊學者還有一個與揚州學派十分相似的特
點——大多公羊學者治經之餘也通曉文學。譬如，莊存與曾
著有《春秋正辭》一書，極具文學價值。公羊學派的這一傾
向在那時已稍有顯露；後來更有龔自珍、魏源等人成為中
國歷史上屈指可數的大文豪；如今又有康有為等傑出的擅
長詩文的文學家。因此，雖然經學方面，揚州學派與吳派更
接近，但這一點上公羊學派與揚州學派是很相似的。

三、晚清的大家（附清朝中葉以後的宋學）

　　以下是清朝末年的一些大家。列在最開始的是俞樾，
也就是大名鼎鼎的俞曲園。俞曲園的學問兼採高郵王氏之
學以及公羊之學。孫詒讓對《周禮》的研究兩百年來無人望
其項背。黃以周以禮學會通諸經，從宏觀上研究禮學，也
留下了不朽的著作。鄭珍生於貴州，而貴州是中國的偏遠
地區，可見隨着文明的發展，偏遠地區也漸有大家出現。總

之，清朝末年，禮學研究十分盛行。

　　其次是吳大澂。這裡寫的「小學之新派」是甚麼意思呢？以往的小學，言字形者以《說文》為宗，言音韻者像顧炎武一樣上追《唐韻》，言訓詁者研究《爾雅》《廣雅》。吳大澂卻以新興的金文研究來治小學。所謂金文就是鑄造在青銅器上的銘文。清朝以來，大量古代遺物出土了。吳大澂對此十分關注，並以出土物上的文字考辨古籍文本之正訛。也就是說，小學的研究對象從先人著作變成了出土古物。現今住在京都的羅振玉也是這方面的大家。雖然這種研究並非始於吳大澂一人，但吳大澂的研究做得極好，引起世人廣泛關注。因此就把他作為代表列在了此處。

　　再下邊是陳澧。說起陳澧，就得說回此前的宋學。隨着漢學日漸興盛，宋學一度歸於沉寂。但待漢學發展達到鼎盛時，宋學又再度回到人們的視野。當時有個叫姚鼐的人，文章寫得極好，同時也是一名經學家。雖然姚鼐的文章名氣很大，但他在編修《四庫全書》時卻不甚得意。姚鼐治經並不獨尊宋學。當時唐宋八大家中尤以曾南豐的文章備受推崇。所以姚鼐是在接觸古文的過程中，才開始研究程朱理學的。姚鼐一生未有關於漢學的著述，但後來的方東樹著有《漢學商兌》一書，對漢學家大加貶損。方東樹是古文大家，也是宋學的積極辯護人，對漢學家的諸多行徑心存不滿，書中不僅貶損其經學，還貶損其文學。方東樹言辭過激，也與

此前阮元和江藩對古文的攻擊有關。總之，方東樹不僅批判漢學，還批判漢學家做的文章。宋學因方東樹等人的影響，雖然呈現幾分抬頭之勢，但遠不至興盛。道光年間，湖南人唐鑒、蒙古旗人倭仁等在北京一帶大力提倡恢復宋學。他們認為，漢學家治學追究細枝末節，如同用顯微鏡觀之，難得其大義；欲知學問大義，就必須研究宋學，也就是程朱理學。從湖南來到北方的曾國藩對此種觀點深以為是。羅澤南等人也深受其影響。當時正值咸豐年間，長毛之亂正甚。曾國藩、羅澤南等人更多將宋學用於修身，而非治學，因此學問方面並未取得太大發展。總之清朝中期，漢學鼎盛，宋學式微，但後來宋學又因這些人一度復興。

接下來我們說說來自廣東鄉下的陳澧。陳澧力排漢宋門戶之見，主張漢宋兼採，撰有著名的《東塾讀書記》。雖出身鄉野，他的學問卻對後世產生了重大影響。譬如，張之洞等人十分欽佩他的學問，對他稱讚有加。清朝末年，漢學的全盛期一過，餘下的便只有陳澧與公羊學派的學問。當然，陳澧早捨棄了宋學家講學空論的那套做法，只是兼採宋學家的學說而已。也就是說，清末的學問是漢宋兼採的學問和公羊學派的極端學問。今天中國學者也大多承襲這兩個派系。至此，清朝學問的主要綱目就出來了。此派治學不尚空談，講求實事求是，研究近於漢學，因此仍屬舊學。

四、宋學別派

此外，近年來常被人們提及的還有顏元、李塨之學。明朝末年，清軍闖入長城，顏元的父親被俘。入清以後，顏元曾隻身前往遼東，尋找父親的下落。顏元以明朝末路為鑒，認為漢人之所以在滿人面前不堪一擊，都是宋學務虛不務實的學風使然，因而主張以實代虛，研究宋學。王源以後，顏元、李塨之學基本絕傳。直到近年治公羊學的戴望廣求顏李著作，顏元、李塨之學方又復興，得以重現生機。顏元、李塨憤慨中國之不敵外邦，皆因外邦採用兵農合一之制，因此主張兵農合一，寓兵以農。

與此類似的還有一個名為劉獻廷的人。除以上主張以外，劉獻廷還提倡做學問必須廣泛涉獵，匯通諸學，志趣宏大博遠。可惜他的學問一代而絕，也未留下甚麼著述，只能通過他所撰的《廣陽雜記》一書窺其梗概。劉獻廷不僅治學志趣宏遠，而且和顏元、李塨一樣注重實踐，對時事形勢頗富遠見卓識。以上是顏元、李塨、劉獻廷一派的學問。

還有一位胡承諾。胡承諾雖出身宋學，卻遠離宋學的空談義理，注重實學。只是他的著作多被遺忘，直到七八年前，在擅長古文的李兆洛的提倡下，才得以復興。如今，他也有了一眾追隨者。

還有一件不可思議的事情，就是乾隆年間以後，清朝研究佛學的風氣盛極一時。羅有高、汪縉、彭紹升、楊文會

等人都屬此派。彭紹升至楊文會之間，研究佛教者多為公羊學者。之前說過的龔自珍、魏源、俞樾等人也都研究佛學。彭紹升以前，佛學研究承自明朝高僧雲棲。雲棲雖屬淨土宗，卻主張融淨土和華嚴於一體。近年來又有夏曾佑等人的研究。再到後來的章炳麟時，研究就更廣泛了。有人研究天台，有人研究華嚴。總之，儒家學者紛紛開始研究佛學，可謂一大奇觀。雖然中國歷史上也有儒家學者研究佛教，但他們研究的主要都是禪學，而這時天台、華嚴也都開始流行。雖然也有人研究禪學，但不同於宋明時期的是，這時的禪學主張通過鑽研經籍來做研究。因此，龔自珍等人的禪學研究與明朝時期並不相同。雖然這些別派中也有公羊學者，但整體仍屬宋學別派。以上就是清朝主流學問以外的一些其他學問。

校勘學

再下邊是「校勘學」和「金石學」。這些學問的發展對清代經學，甚至對清代所有學問都有奠基之功，因此我認為有必要講講。

所謂校勘學，就是對書本進行校對勘正的學問。古代典籍在流傳過程中，難免會出現文字訛誤，因此便產生了比照古本、勘正錯誤的校勘學。我在「綱目」中加了一些簡單

注解，大家一看便能知其大概。校勘學在清朝風行一時。朱筠曾倡議編修《四庫全書》，這在之前也講過。因此，朱筠自己雖不做校勘，卻可以說是校勘學的發起人。紀昀負責編寫《四庫全書總目提要》，甄別典籍之好壞，也是校勘學的大家。

自古以來，學問繁榮之際，學界都會掀起研究經書文本的熱潮。而經書又多有文字謬誤。因此，自漢朝起，為了防止訛誤流傳，經書便被刊刻於碑石之上，立於太學門前。自此，石經問世。這些石經校勘嚴謹，其中的部分文字一直保存至今。只是古代拓本大多散佚，如今留下的只是一些殘片。近來，贊岐 ① 的大西見山 ② 得到一套宋代拓本。這套宋代拓本是日本首次出現的珍貴拓本。中國的石經研究十分盛行。漢、魏、唐、五代後蜀以及南宋都刻有石經；乾隆帝認為清朝也應刊刻石經，便有了乾隆十三經。由於乾隆十三經是新近刊刻的，無論何處也不見其拓本，所以很遺憾不能給大家一睹真容。這是我的疏忽。本想着這些石經就在北京，隨時能夠看到，就沒將它拓印下來，導致今天無法展示給大家。刊刻這部石經時，彭元瑞奉乾隆帝之命負責考訂經文。因為一些很滑稽的理由，有人對彭元瑞的考訂

① 日本香川縣舊稱。——譯者注
② 疑為大西行禮（1870—？），日本政治家、實業家、藏書家，四國財界要員。——譯者注

提出異議，並加以磨毀。此人就是深受乾隆帝寵愛，後被嘉慶帝賜死的和珅。富岡謙藏手上還有當時和珅找人撰寫的攻擊彭元瑞的文章，這可是難得的材料。當時奉命抄寫石經的是書法家蔣衡。田中文求堂①藏有蔣衡的書作，今天也陳列在展室。至於漢代刊刻的石經始祖《熹平石經》拓本，我也向大西見山借了出來，放在展室了。

　　清代校勘學之端緒自此而啟。由於身處太平盛世，為官再高也難建功立業，畢沅、阮元便廣招學者校訂經籍，以圖名聲。而這也為清代校勘學的發展奠定了基礎。此外，還有很多個人的不懈努力。譬如，盧文弨在校勘方面成就斐然，對清代校勘學有奠基之功。再有顧千里等人，雖然才華出眾，但由於出身貧寒，未能及第，常常寄食於他人門下，以為他人校訂古籍、編寫書稿謀生，留下不朽功績。再後面的黃丕烈、秦恩復、張敦仁等人都是校勘名家，顧千里也曾在他們門下做過食客，助其校刻書籍。陳鱣著有精良的《論語》校勘本。嚴可均和顧千里一樣，也是一名食客。孫星衍既為他人校勘，自己也有著述。曾國藩的幕僚莫友芝名氣很大。他曾得到一本《說文》的唐寫本，將其出版。前些年

---

① 日本一家專賣漢籍的書店，1861 年開業，1954 年關閉，在日本研究中國學問的學者當中頗具影響力。店主田中慶太郎（1880—1951）畢業於東京外國語大學中文系，廣購漢籍，與中國學界聯繫密切。——譯者注

和珅

我在端方^①那裡看過實物，確實十分精良。近來，陸心源等人在校勘方面的成就也很多。他的兒子後來將其藏書賣給

---

① 端方（1861—1911），字午橋，號陶齋，滿洲正白旗人，清末大臣，立憲運動的主要領導人，大收藏家。著有《陶齋吉金錄》等。——譯者注

了日本岩崎氏[①]。

　　有趣的是，日本的一些書籍也與清代校勘學有關。荻生徂徠門下有個弟子叫山井鼎[②]。山井鼎聽聞下野的足利學校藏有古經書，就長年呆在那裡校訂諸經，最終寫出《七經孟子考文補遺》。山井鼎的同窗根本武夷[③]也一同前往足利學校，校定刻印了皇侃[④]《論語義疏》。這兩本書傳到中國以後，引起中國學界很大震動。中國人雖聽聞有些善本傳到了日本，但沒想到日本竟有皇侃《論語義疏》這麼古老的經書，並有人對此進行了研究。因此，《七經孟子考文補遺》和皇侃《論語義疏》極大刺激了中國的校勘學。此外，早前傳到日本的還有《古文孝經》《今文孝經》等。但對中國校勘學有奠基之功、引起中國學界極大震動的還數《七經孟子考

[①]　明治中期，岩崎彌之助開始籌建收藏中日古籍的圖書館。1924 年，岩崎小彌太繼承父親遺志，建成靜嘉堂文庫。靜嘉堂文庫藏書共二十萬冊。十二萬冊漢文古籍當中，尤以清末學者陸心源的五萬冊舊藏書有名。——譯者注

[②]　山井鼎（1690—1728），字君彝，號崑崙，通稱善六，日本江戶中期儒學家、漢學家，師從伊藤仁齋、荻生徂徠等，從事校勘，留下名作《七經孟子考文補遺》。——譯者注

[③]　根本武夷（1699—1764），名遜志，字伯修，號武夷山人，日本江戶中期儒學家，師從荻生徂徠學古文辭，亦有志於詩文，曾校定《論語義疏》，著有《鐮倉風雅集》等。——譯者注

[④]　皇侃（488—545），中國南北朝時期梁朝學者。梁武帝年間，任國子助教。他廣泛收羅舊注，作有許多義疏，譬如《論語義疏》《禮記義疏》。——譯者注

端方

文補遺》和皇侃《論語義疏》。後來，林述齊編錄《佚存叢
書》，收集中國久已失散但在日本保留下來的書籍，並以活
字刻印使其重現於世。《佚存叢書》回傳中國後，也引起了
中國學者的廣泛關注。因此，日本校勘學為中國校勘學的
發展立下了很大功勞。

　　中國歷來有藏書、刻書之風。到清朝時，這種風氣尤
盛。這裡我只列舉了一些主要代表。這些名人收藏或翻刻

之書，對清代校勘學的發展起了極大的推動作用。得益於
此，清朝學者便依據正確無誤、未經改動的古本開展研究，
治學也都研讀原本，不去輕信隨意改動過的文本。以上就
是清朝校勘學的大體情形。

金石學

　　下面我們說說金石學。所謂金，是指青銅器銘文的研
究；石則指石刻碑碣的研究。我們之前提過的吳大澂就以
金石學開創了小學新派。清朝最早關注金石學的是清學開
山之祖顧炎武。顧炎武撰有《金石文字記》一書，主張金石
研究對經學和歷史大有裨益。金石學之淵源雖然可以追溯
至更早時期，但清代顧炎武對它尤為提倡。自此，人們開始
依據銘文或碑文勘正典籍訛誤，為金石學的發展奠定了扎
實的基礎。翁方綱熱衷金石之學，對碑文逐字研究，不肯放
過任何一處錯誤。王昶收集歷代碑刻銘文，將其編纂成書。
黃易遍訪漢代石刻，並作拓本。阮元幕下的朱為弼、趙魏
等人致力於編纂銘文。後來又有張廷濟、劉喜海、張燕昌、
翟雲升等人出現。到近來陳介祺、徐同柏、吳式芬時，金石
之學尤其是銘文研究大有進步。陳介祺、徐同柏、吳式芬
之前，青銅器的鑒定尚不發達。乾隆帝時著名的《西清古鑒》
一書雖然水準很高，卻也難免混淆真偽。陳介祺、徐同柏、

吳式芬時，器物辨偽、銘文考證風靡一時。後來又有吳大
澂和如今仍然健在的劉心源等人加入其中。我的朋友羅振
玉也是金石學的名家之一。端方雖不做學問，卻對青銅器
興趣頗濃，有為學者提供研究材料之功。端方是政治家，也
很有學問。總之，中國的金石學研究對經學和歷史學都產
生了很大影響。

再下邊的倪模、初尚齡、鮑康、李佐賢四人都是古泉
學家。古泉學是金石學的一個分支。雖與經學研究沒有太
大關係，但古泉學對歷史研究大有裨益，在陳介祺時大為盛
行。這些人都留下了十分優秀的著作。

此外，金石學近年來又延伸出了許多分支，譬如古印
學、璽印學等。璽印學經過演變，又有了封泥學。西方人
在信封上封蠟；中國古代則用繩子捲好信，在繩結處用黏
土壓住蓋上印記，稱為「封泥」。由於近年來封泥大量出土，
封泥研究也盛行起來。中國人起初並不認識這些出土物，
後來才知道是封泥。

另外，近年興起的還有羅振玉等人的殷墟甲骨學。中
國古代經常利用龜甲獸骨進行占卜，甲骨文就是刻在上面
的文字。這是金石學中最古老的東西，距今已有三千年的
歷史。1902 年我去中國時，還看到了 1901 年左右發現的
甲骨。那些甲骨是在修鐵路進行挖掘時發現的。近年來，
羅振玉寫了很多相關著述。甲骨學幾乎成了他的獨家學問。

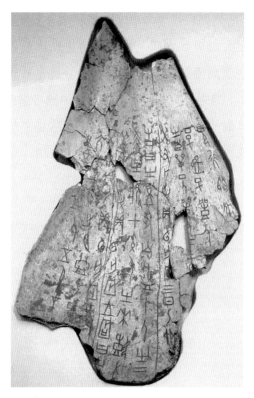

殷墟出土的甲骨文

金石學延伸至甲骨學，可見其枝葉之廣。而這些枝葉在學術上又各有貢獻。譬如之前說到的，吳大澂研究金文開創了小學新派；再譬如隨着古代器物與甲骨一同出土，禮學研究愈發盛行。總之，即使在今天，中國學問仍然有很大發展空間。

　　以上就是中國漢學的大致情形。雖然還有很多別的學

派，但清朝的學問以漢學為主。整體看來，漢學歷經變遷，今後仍有很大的發展空間。當然，這也取決於中國今後的國勢。這些學問傳到日本，在日本更盛行也未可知。一切還不能斷言。總之，清朝學問之繁榮在中國可謂前所未有，學問真正具備學術性也可謂前所未有。這是了解清朝文化非常重要的方面，因此我用了一天時間來講。今天的演講就到這裡。

第 5 講 史學及文學

史學

今天我們講清朝的史學和文學。

清朝學術當中，史學的發達程度僅次於經學。中國典籍一般分為經、史、子、集四類。經指經學，史指歷史，子指荀子、墨子等諸子百家之學，集指文集、詩集等文學方面的著作。其中，集部屬於文學範疇，與其他學問有所不同；子部，即諸子百家的研究，在清朝時期未有很大發展。隨着經學的基礎學問不斷發展，人們開始將諸子學視為經學的附庸進行研究。諸子典籍是與經書同時代的產物，或者稍晚於經書出現，成書年代與經書最接近。因此，對治經之人而言，研究諸子典籍的語言文字是很有必要的。經書中意義不明的文字，或許能在諸子典籍中解讀出來；而經書中缺佚的內容，也可用諸子典籍補入。如此，諸子研究便開展

起來了。其中，以諸子補充諸經佚文的研究——譬如，經書雖無堯舜時期的詳細記載，諸子典籍卻有記述——諸如此種的補佚實際並未取得太大進展。但之前說過的出於解經需要對諸子語言進行研究的小學卻取得了長足的進步。譬如，此前講過高郵王氏之學。王氏著有《讀書雜志》一書。近年又有大家俞樾寫下《諸子平議》。這些諸子語言的研究被視為經學的附庸，服務於解經。但近年來，也有人開始從事真正的諸子研究。譬如大名鼎鼎的孫詒讓寫過一本關於墨子的非常有名的著述《墨子閒詁》。現仍健在的王先謙寫有一本《荀子集解》。總之，諸子研究在清朝時期發展略微滯後。這與日本的漢學研究有所不同。諸子學在日本發展相對較早。荻生徂徠十分關注諸子研究，著有《讀荀子》《讀韓非子》等書。荻生徂徠之後也有人繼續相關研究。而中國的諸子研究則出現較晚。不過，日本的諸子研究並未有像《墨子閒詁》這樣的名作，所以雖然起步較早，成就卻不足為道。而中國的諸子研究雖然逐漸開展起來，卻也只是為了補證諸經。張之洞就抱有這種主張。漢代王充早在《論衡》一書中寫道，可以用諸子來補充經書，可惜沒有做出太大成績。總之，諸子的研究範圍十分狹窄，史學研究較之更發達。史學研究也是在經學研究的影響下發展起來的。

一、清代史學之祖黃顧二氏

中國起初研究歷史，很少把歷史當作一門獨立的學問來研究。當然，這種研究很早以前還是有的。譬如唐朝、南宋時期，就有很多著名學者像我們理解的那樣去研究歷史。可自從著名的《通鑒綱目》問世以後，效仿《春秋》褒貶黜陟古人的觀念盛行一時。明朝的史學研究無不受其影響，很少有對歷史客觀正確的研究。

但明末時，經學開山之祖黃宗羲、顧炎武開始提倡史學。黃顧二人分別是浙東學派和浙西學派的創始人。黃宗羲雖然閱歷豐富，卻未留下有關史學的重要著述。他的門下弟子萬斯同則著有《歷代史表》，補充歷代歷史年表中缺漏的部分，書中所承為黃宗羲之學問。浙東學派轉入史學的說法，就源自萬斯同此舉。後來，全祖望也十分關注明末歷史，寫下許多文章，堪稱一名歷史學家。此人我們以後還會講到，他對記述古代水道的水經之學也頗有研究。以上就是先後繼承黃宗羲之學的歷史學家。

我們再說顧炎武。顧炎武的外甥徐乾學撰有《資治通鑒後編》一書。此書起初只有草稿，近年才得以出版成書。這部書並非由徐乾學一人完成，而是他召集眾多學者，合眾人之力編撰。而顧炎武的歷史編纂思想，在其所著《日知錄》中均有體現。《日知錄》對查詢史料、考辨史實真偽的學問有奠基之功，是一部非常優秀的史學著作。總之，黃宗羲、

顧炎武可謂清代史學的開山之祖。

二、正史

此後，史學漸漸分成很多流派。在此我們有必要先來看看正史。何為正史呢？譬如元、明等朝代滅亡以後，接替它的下一個朝代都會為前朝編史，並以此為史籍之正宗。歷史上歷朝各代撰寫的正史共有二十二部，所以又稱為二十二史。二十二史中的最後一部就是清朝撰寫的明史。編修明史時，一個新變化出現了。此前修史大多效仿《資治通鑒綱目》體例，對歷史人物褒貶黜陟，評判其正邪善惡。明史編修機構明史館設立之初，經學方面頗有建樹的著名學者朱彝尊曾上書明史館總裁，主張修史不能一味效仿《資治通鑒綱目》，而應有所創見。以前，宋學家、朱子學者修史立傳時，學者一般被一分為二，分列《儒林傳》和《道學傳》。著錄學者傳記的《儒林傳》最早見於《史記》，唐史當中也有設列。但編修宋史時，《儒林傳》之外又增設了《道學傳》。他們對學者加以區分，將研究朱子學義理空論、偏向哲學的學者列入《道學傳》，而將鑽研經籍治學之人仿照舊例列入《儒林傳》，並自此形成慣例。朱彝尊卻標新創異，認為根本無需做此種區分。這到後來還引發了朱子學者與漢學家之間的一場爭論。最終，《明史》總纂採用了朱彝尊的意見。《明史》以後，學者傳記才又統一列入《儒林傳》，捨棄《道學傳》。

以上就是發生在清初時期的有關朱子學的史學思想之變化。

擔任《明史》總纂的人是王鴻緒。經王鴻緒對草稿的整理編纂、修改潤色，才有了我們今天所見到的《明史》。現存的王鴻緒《明史稿》中，《史例義》一文闡述了明史的撰修原則以及它所遵循的編纂體例。文中多有反對朱子學說的言論，主張不蹈襲《資治通鑒綱目》舊例的修史方針，呈現出與宋元明以來史學大不相同的面貌。

三、修補舊史

清朝史學在其他方面也取得了很大發展，譬如「綱目」中所列的「修補舊史」和「考證舊史」。其中，修補舊史在明代以前也有，但考證舊史卻是在清代才有的。明代有很多修補舊史的著述；清初吳任臣的《十國春秋》、邵遠平的《續弘簡錄》等均在明代歷史著述的基礎上，進一步彌補缺漏、訂正謬誤，重新改編舊史。從厲鶚到彭元瑞，清朝修補舊史形成了有別於明代的特有風格。明代人修補舊史時，從不言明自己所用史料是否準確，只是選取自認為可信的材料進行改寫。而清朝的風格則是將自己所用材料全部列出，以便他人也能用此材料進行研究，治學更客觀公允。《遼史拾遺》一書就將參考《遼史》之處一一摘錄列出，供人參考。這就是清朝修補舊史的風格。當然，也不免有人自行判斷、改編歷史。但整體而言，清朝修補舊史採取公正羅列材料

的方針，以方便他人繼續研究。這與明代改寫舊史的方法
大不相同，可謂獨具清代風格。不過，也有人另闢蹊徑，譬
如撰寫《晉略》的周濟。周濟作《晉略》不以考證史實為主，
而是將《晉書》當中自認為不合史家筆法之處，按照自己的
想法加以改編。周濟是清代屈指可數的大文豪，文筆精煉，
提倡回歸唐前的史書寫法。清代修補舊史的學者當中，周
濟可謂獨樹一幟。《晉略》這種不證史實、只改史法的做法，
幾乎只此一家，十分特別。

四、考證舊史

　　下面我們來看「考證舊史」。舊史的考證在清朝時期尤
其發達。王鳴盛、趙翼、錢大昕等人從宏觀角度研究歷史
的著述比較有名。除《十七史商榷》以外，王鳴盛還著有《蛾
術篇》，論述經學、歷史。除《廿二史劄記》之外，趙翼還著
有《陔餘叢考》，其大部分內容也在論史。特別是錢大昕的
《十駕齋養新錄》，可謂開新史學之先河。《十駕齋養新錄》
效仿清代史學之祖顧炎武的《日知錄》體例，論及經學、歷
史等各種學問。在以「實事求是」著稱的學者中，錢大昕治
學也稱得上嚴謹縝密。因此，他的大部分研究成果放到當
下皆不失水準，其研究方法堪稱當代中國歷史學者的圭臬。

　　雖然王鳴盛、趙翼、錢大昕都很有名氣，但市面上流
傳甚廣、在日本也有翻刻的趙翼的《廿二史劄記》較之王錢

二人的著作卻遜色許多。對史學有奠基之功的首推錢大昕。從錢大昕開始，清朝的史學才成為真正意義上的史學。此後，史學研究以實事求是為原則，強調通過旁徵博引、多方求證獲取歷史事實。顧炎武等人依託金石碑文研究歷史的主張也開始受到關注。史料的選取儘量傾向最基本、最原始的材料。錢大昕之於清代史學，好比戴震之於經學，是一個不容忘卻的人物。後人承襲錢大昕的學術，開展了諸多具體的、局部的研究。

此外，王元啟、梁玉繩、洪亮吉等人兼治歷史和地理，章宗源研究史志目錄，沈欽韓研究《漢書》《後漢書》，吳卓信格外重視《漢書》中《地理志》的研究，張敦仁研究《資治通鑒》，汪士鐸研究《南北史》。除此之外，還有很多學者，這裡只列舉上述主要人物，並將他們的大部分著作展覽出來。總之，正是因為這些名家的出現，清朝史學才取得了巨大進步，一改從前動輒褒貶黜陟、空論歷史的觀念，開啟了依據基本史料求證史實、實事求是的研究方式。這是清代史學最顯著的特點。

五、地理

隨着歷史研究的展開，人們也開始研究地理。地理研究早在此前就有人陸續在做。譬如，「綱目」中列舉的顧祖禹的《讀史方輿紀要》就是記述中國歷史地理的著作。即使

放在今天，歷史地理學也是歷史學中一門很不成熟的學問，
而顧祖禹的《讀史方輿紀要》作為立足政治的歷史地理著
作，其研究可謂系統而全面。書中首先分述各地形勢，引徵
各種文獻資料，考訂古代地名、現今地名；其次分省記述，
譬如山東省、河南省……各省都寫有一篇通論，論述其政
治形勢；最後再從整體上總結中國歷代地理的沿革變遷。
因此，《讀史方輿紀要》既有分論，也有綜述。這種中國式
的研究雖不合西方範式，卻是系統而全面的。《讀史方輿紀
要》對今天歷史地理學的發展功不可沒，堪稱是一部偉大的
著作。我們從《讀史方輿紀要》中也獲益頗豐。與此同時，
閻若璩、胡渭等人依託經學研究歷史地理。顧炎武的外甥
徐乾學編修《一統志》時，以上這些人都應邀參加。不過，
這些研究並非為編修《一統志》而做。歷史地理學早在那時
就顯露興盛之兆。顧祖禹等人的研究也已取得顯著成果。
不過，顧祖禹等人受徐乾學之邀編纂《一統志》，得以博覽
群書，研究因此才取得更大進展。總之，在康熙年間，徐乾
學等人對學者有提攜和扶持之功，這一點是值得注意的。

　　齊召南撰寫的《水道提綱》是一部非常特別的著作。《水
道提綱》不考論古代地理，而是記述當代地理。令人不可思
議的是，《水道提綱》與第三講提到的西方傳教士所繪地圖
頗有淵源。傳教士所繪地圖中的水道，也就是水路、河道，
與齊召南《水道提綱》中的記載完全一致。由此可見，齊召

南的《水道提綱》其實是依據傳教士測繪結果的漢語文本寫成。後來，道光年間鴉片戰爭爆發，中國人開始研究海外地理，新地理學自此興起。譬如，昨天提到的魏源就寫有一本《海國圖志》。總之，海外地理的研究日盛。近來，一個叫鄒代鈞的人曾前往海外。他主張以西法研究地理學。新地理學雖然逐步取得一定發展，但仍然遠不夠發達。

六、塞外史學和地理

之前說過，錢大昕在清代的歷史研究中佔有重要地位。自錢大昕以來，塞外史學、西北地理學發展十分迅速。所謂塞外史學、西北地理學，就是對蒙古等地的研究。錢大昕讀《元史》後，認為《元史》是二十二史中最粗劣的史書，於是心生重編元史之念，開始研究元史。錢大昕發現了一本用蒙古語寫的記述成吉思汗和窩闊台汗兩代事跡的《元朝秘史》，便據此研究元史，並最終寫成百卷《元史稿》。《元史稿》如今是否保存完好，這點尚不可知。總之，錢大昕此舉對中國歷史學的發展產生了巨大影響。元史也被稱為蒙古歷史。蒙古歷史的研究和蒙古地理的研究相得益彰，共同將清代史學推向了高峰。

除錢大昕之外，也有人出於政治方面的實際需求研究西北地區。譬如祁韻士所著《皇朝藩部要略》。《皇朝藩部要略》記述了清朝建立以來蒙古藩部諸事，是一部難得的佳

作。遺憾的是，《皇朝藩部要略》的草稿還未完成，祁韻士就離世了。後來，經其同鄉張穆之手，《皇朝藩部要略》才得以完稿成書。張穆也對蒙古之事興趣頗濃。他本想寫一部關於蒙古歷史地理的書，卻也在即將完稿時與世長辭。後來，何秋濤繼承張穆的遺志，完成此書。何秋濤的《朔方備乘》是皇帝御賜的書名。只是今天的《朔方備乘》大部分經人改動，已不足為信。《朔方備乘》原名為《北徼彙編》，是一部論述中俄邊境問題、涉及西北地理的著述。

上述這些人的研究使蒙古之事漸為人知，也讓中國的西北地理學取得長足發展。無論是張穆還是何秋濤，都十分欽佩錢大昕的學問。他們繼錢大昕之後，對記述成吉思汗事跡的《皇元聖武親征錄》做了進一步的研究。而後又有洪鈞出使西方，根據西方材料研究元史，寫下了《元史譯文證補》。此外，辭世已十年有餘的文廷式與今仍健在的沈曾植雖然沒有留下著述，卻也潛心研究元史。沈曾植手中存有一本未完成的《元史譯文證補》草稿。近來，屠寄寫了一本《蒙兀兒史記》，柯劭忞寫了一本《新元史》。

與此同時，松筠開始實地考察蒙古、新疆、西藏等西北地區，並根據這些考察結果開展研究。松筠是蒙古人，曾屢次被任命為西北地區的大官。他對歷史很感興趣，相關著述也很豐富，對徐松等人影響頗深。徐松為官時，由於一些過錯，曾被流放到伊犁。流放期間，徐松通過對當地的

實地考察，做出很多研究成果。在此期間，魏源等人也已出現。魏源等人主張將國內研究與海外研究綜合並舉。總之，清代的歷史地理學成為清代史學當中成就斐然、相對突出的一部分，這一點是需要重視的。

七、酈學

接下來我們看酈學。《水經注》是一部中國古代記述河道情況的名著。清代研究《水經注》始於全祖望。戴震和趙一清等人後來也研究了《水經注》，他們的門下弟子紛紛指責他人抄襲，掀起一場諸如趙一清剽竊戴震學說或者戴震剽竊趙一清學說之類的爭論。總之，《水經注》的研究因戴震和趙一清等人進展巨大。後來，董祐誠、陳澧等人也從事相關研究。最近去世的楊守敬可謂此前研究《水經注》的集大成者，雖然他的書稿尚未出版，但他的研究已然大成。

八、古代地方志

除研究地理以外，清代還研究古代地方志。畢沅所著《關中勝跡圖志》是關於古都的研究。李兆洛的《李氏五種》為查考古代地名的現今所在地構建了一套方法。六嚴 ① 是李

---

① 六嚴，字德只，清代歷史學家、地理學家、天文學家，著有《清內府輿地圖縮摹本》《紀元編》《歷代地理沿革圖》《歷代地理志韻編今釋》等。——譯者注

兆洛的門下弟子。楊守敬承六嚴餘緒,集以往地方志研究
之大成。

九、古史

清代也有人專治古代歷史,譬如康熙年間的馬驌。馬
驌因精研上古三代歷史,被稱為「馬三代」。後來,滿洲人
李鍇繼承了馬驌的研究。李鍇原籍朝鮮,是曾經征伐日本
的名將李如松的後人,撰有《尚史》。除了馬驌、李鍇,研
究古代歷史的還有林春溥、陳逢衡、崔述、程恩澤等人。

十、掌故

除上述研究以外,清代還有掌故之學。不過掌故學並
非清代獨有的學問。所謂掌故學,就是研究官府典例故實
之學。明朝時期,基於坊間傳聞編寫的歷史在市面上十分
流行,大有混淆真實歷史之勢。清朝幾乎沒有野史,代之而
起的是更確實的掌故學。掌故學這種關於官府故實的學問,
不像野史一般基於未經考證的傳聞而作,所引皆為確切可
考的材料。這也是清代史學思想比明代更進步的一個體現。
掌故學方面的著名學者已在「綱目」中列出,其中盛昱、文
廷式雖然沒有留下著作,卻都十分精通典例故實之學。

十一、經濟

經濟學算是歷史學的附屬學問。中國通常把經濟學歸入歷史學中，作為政策論研究。我們先看「綱目」中列在最開始的包世臣的《安吳四種》。包世臣在《安吳四種》中就治理黃河提出了非常獨到的見解，還就中國利用運河調運糧食一事闡述了自己的看法。可以說，包世臣復興了顧炎武以來久已湮滅的經世實學。此外，魏源助賀長齡編撰《皇朝經世文編》。《皇朝經世文編》分門別類地輯錄了大量文獻資料，是一本了解清代經世政策的必備之書。我們從《皇朝經世文編》中也獲益頗多。龔自珍、俞正燮等人也有部分著述論及經濟學。藍鼎元撰有關於台灣的著作。陶澍著書論述對中國影響重大的鹽務。那時的苗人和台灣生蕃很相似，嚴如煜於是研究苗防之事，為防苗禦苗出謀劃策。馮桂芬可謂中國最早呼籲改革的先驅人物。他在著作《校邠廬抗議》中就中國的諸多問題提出了很多見解深刻的經世之策，對中國今天的經世思想影響重大。近來康有為等人的改革思想都出自他的主張。總之，馮桂芬是個值得關注的人物。張之洞等人近年來也寫了許多著述，闡述經世致用的思想。

以上就是清朝史學的大致情況，其中有自古就有的學問，也有新發展起來的學問。新發展起來的學問有舊史的考證和西北歷史地理等。古代地方志的學問中也有一些新內容。掌故學雖然以前也有，但在清朝時期格外興盛。

十二、史法

關於歷史整體的研究，還需注意史法之學。史法研究始於唐初劉知幾的《史通》。《史通》是一部關於歷史編纂方法的名著。南宋時期，鄭樵編著《通志》，留下許多精闢的史論。到清朝時，方苞等人開始討論文章的作法，主張修史應當效法韓退之的記事之文——需要寫的地方如何寫，不需要寫的地方如何省略——這些都要講求義法，否則就會文不成文，史不成史。之前說過，章學誠寫有一部《文史通義》。《文史通義》使《通志》以後中斷的史學理論研究得到復興，是一部非常有名的史學理論著述，備受中國人推重。近來，張爾田效仿《文史通義》寫下《史微》。雖然《史微》無法與《文史通義》相提並論，但這說明《文史通義》儘管不至經久不衰，卻也會偶爾被人念及得到復興。張爾田所著《史微》即使放在今天也頗有與眾不同之處，因此特列於此。清代史學的發展情況大體如此。

文學

一、古文

下邊我們說說清代的文章。「綱目」中最開始列着「古文」，後面還列有「駢體文」。要想了解中國文章的變遷，就必須了解這裡的古文和駢體文。「古文」一詞在中國不只一

個意思。文章中的古文與經學中的古文就大不相同。這裡的古文是指文章中的古文。在經學中，古文與今文相對。古文指上古文字，也就是篆書以前的、刻在青銅器上的文字；今文指隸書以後的文字。古文經學與今文經學分別指以古文寫的經書之學和以今文寫的經書之學。在文章中，古文與時文相對。日本如今說起中國的時文，一般都指中國的詔敕、書信或者奏章。不知這種說法是如何訛傳來的，因為詔敕、書信或者奏章在中國並不叫時文。中國的時文是指文官考試中所採用的八股文。八股文從四書五經中取題，要求作文多用對偶，分成八個段落來寫。不會這種文體就無法通過科舉考試。古文與八股文相對，是唐宋八大家以來廣為流傳的一種文體。入清以後，除時文以外，人們開始格外關注駢體文。這是清代特有的現象，後邊還會講到。我們先從古文說起。

（一）古文草創期

因襲明朝，清朝在初期時多習唐宋八大家之文。唐宋八大家中，金、元以來蘇東坡一家之文尤其盛行。清人創作紛紛效仿唐宋韓退之、蘇東坡之文，一時蔚然成風。「綱目」所列的清初三大家中，魏禧和侯方域就屬此派。而汪琬作起文來苛求文法，中規中矩，與魏禧、侯方域的風格大不相同。總之，效仿韓退之、蘇東坡等唐宋古文是當時的文

壇主流。

後來，情況有所改變。人們不再一味拘守古文筆法，開始強調學問才是文章之本。譬如，黃宗羲和顧炎武從不刻意追求文采，卻自然而然地寫得一手好文章。清代後來不少考訂古學、文采蜚然的人為文大都效法黃宗羲和顧炎武。因此，可以說黃宗羲和顧炎武奠定了清代特色的文風。朱彝尊和姜宸英等人的文章遊走於黃宗羲、顧炎武以及從前的古文派之間，已經極具清代特色。朱彝尊和姜宸英等人的文章筆法和從前效仿韓退之、蘇東坡的一派大不相同，強調為文要以學問作為根底。

到清朝中期時，袁枚等人出現了。袁枚天縱奇才，既作得了古文，也寫得了駢體文，可謂來去自如。我們稍後再講駢體文。袁枚雖才華橫溢，文風自由，但為人輕佻放縱，頗受世人非議。總之，袁枚等人開創了有清一代的文風。但這時的清朝文章初露頭角，還未分出很多流派。

(二) 古文極盛期

古文草創期以後，清代文章才開始分門立派。作古文的有古文派；寫駢體文的有駢體文派。我們先說說駢體文。駢體文俗稱四六文，因為追求文章美感，多以四字、六字相間成句得名。由於文章全篇多用對偶句，所以又稱四六文為駢體文。而古文則是奇句單行，儘量不用對偶。四六文或

蘇東坡

為四字句，或為六字句，句中字數多為偶數；而古文當中，句子字數多不成偶。清代興起古文之時，已有人開始作駢體文。「綱目」中「駢體文」項下的「舊派駢體文家」就是那時的駢體文家。也就是說，古文家和駢體文家幾乎同時出現，只是由於經學的影響，才有了不同的發展。當時，治經之人都很反對宋學。而朱子學派的文章大多取法唐宋八大家——尤其是曾南豐的文章。因而朱子學者十分推重古文。漢學家們對朱子學不滿，以至於對曾南豐等唐宋八大家之文也心生厭惡，處處攻擊古文，批判作古文之人根本不懂文為何意。中國古代之「文」只指駢體文——這個極端論斷是阮元提出來的。阮元指出，「古人所謂的文筆是兩個相對概念。有文采者謂之文；沒有文采、只為表意論事則謂之筆。唐宋八大家的文章是筆不是文，真正的文章只有駢體文」。因此，漢學家為文大部分都用駢體。方東樹猛烈抨擊了此種言論，並積極地為唐宋八大家辯護。總之，古文反對派站出來的同時，古文家們也形成了一個派別，那就是「桐城派」。

　　桐城派古文的淵源，可以追溯至明代歸有光。歸有光反對荻生徂徠十分崇尚的明代李王七子①之文，尊奉唐宋八大家尤其是曾南豐之文為文章典範。入清以後，方苞繼承

---

① 明朝時期，由李夢陽、王世貞等為領袖，稱為「李王七子」的十四人，標榜「復古」，並且提出「文必秦漢，詩必盛唐」的口號。——譯者注

姚鼐

歸有光的餘緒。隨後，劉大櫆上承方苞，下啟姚鼐。姚鼐因在學術上與漢學分歧嚴重而抽身漢學，轉向古文研究，標舉古文旗幟，引來許多當地學子拜入門下。由於此地名叫桐城，故得名桐城派古文。總之，桐城派十分推崇唐宋八大家之文，尤其喜歡師法曾南豐的文章。有些反漢學傾向、獨樹一幟的桐城派興起過程中，喜作駢體文的漢學派曾極力貶低古文，其中以阮元最甚，方東樹等人挺身應戰。後來，桐城派古文分出一支流派──陽湖派古文。陽湖派古文的主要代表人物有惲敬、張惠言、董士錫、李兆洛等。陽湖派是古文派中逐漸向駢體靠攏的一支流派，雖與桐城派同宗，但又有所不同。

與此同時，「崇佛家的古文」一派──這是我自己取的名字──出現了。也就是說，佛教居士當中，也有人習作古文。譬如，「綱目」中列出的羅有高、汪縉、彭紹升等人都研究佛學文章。他們的文章雖然佛教思想平平，文筆卻令人佩服。總之，這些人研讀佛教典籍，以佛教文章自成一派，雖然流傳不是很廣，卻對後來龔自珍等人的文章產生了極大影響。

再下邊的「選體」是駢體四六文中的一種。後來，治古文的人作文時也不時採用選體。包世臣認為，如果通篇都是古文，未免太雜亂無章，索然無味；要想把文章寫得韻味十足，光彩照人，大可取法選體。清朝時期，很多治古文的

人雖然從古文起步，卻慢慢向選體即駢體文靠攏。這種發展路徑是清朝特有的現象，在明代少之又少。

　　以上就是乾隆至道光年間古文的一些發展情況。後來，曾國藩登上了歷史舞台。曾國藩不僅是位頗負盛名的政治家，還是有清一代的文章大家。曾國藩的文章最早師承姚鼐的桐城派。在博覽群書的過程當中，曾國藩漸感取法曾南豐的桐城派古文有氣度狹小之弊，決心廣泛涉獵，博採眾長。於是，他一改桐城派奉唐宋八大家為圭臬的做法，廣泛涉獵經史諸子，最終成了有清一代的古文大家。曾國藩雖師承姚鼐，卻融會貫通，自成一派。張裕釗以及最近去世的吳汝綸都是曾國藩的門下弟子，也都是古文名家。此外，薛福成以及曾經出使日本的黎庶昌也是文章大家。這些人取法曾國藩，文風規模宏大，與桐城派迥然不同。曾國藩的友人左宗棠也是千古文章名家。鄭珍也是名聞天下的文章大家。這時的古文可謂迎來了它的極盛時期。古文源起桐城派，它不斷發展、壯大的這段時期統稱為清代古文的全盛期。

二、駢體文以及駢散不分家

　　接下來我們看駢體文。駢體文在清朝可以分為前期和後期。前期駢體文作家被稱為舊派駢體文家。明代也有人寫駢體文，只是他們一味追求對偶，導致文章多成俳諧之文。清朝的駢體文作家大多兼治經學，認為文章無需處處

強求對偶，而應追求根柢深厚、剛健有力。他們身體力行，強調駢體文創作要效法《文選》，追求莊重典雅，不能戲謔輕佻。古文與駢體文同步發展，並逐步向對方靠攏。之前我們說過，桐城派古文雖然完全取法唐宋八大家，但後來的陽湖派古文已經多少跳出原有範圍。再後來，主張為文兼收古文、駢體文兩體之長的人愈發打破藩籬；治古文之人也開始創作與駢體文相近的文章。曾國藩一派中的吳汝綸等人尤其如此。吳汝綸雖然最初主張為文應效仿唐宋八大家，但後來開始取法《史記》《漢書》作文。《史記》《漢書》中有很多既非古文也非駢體文的文字。吳汝綸受《史記》《漢書》影響，文章漸向駢體靠攏。駢體文也由起初的俳諧之文轉向內涵深重的選體文。如此，駢體文與古文逐漸向彼此靠攏，最終出現駢散不分家的局面。

駢散不分家出現在清朝選體文發展的鼎盛時期。汪中等人創作的駢體文從不刻意精工對偶，淵深厚重，文才豔麗，頗具《文選》風采。汪中等人因此成為清朝人公認的有清一代文章大家。但如果讓方東樹來評說，必是一番貶低之辭。後來，承汪中餘緒的有汪士鐸以及現仍健在的王闓運等人。王闓運今已八十多歲，居於湖南，是個生來就寫得了文章的天才。他所作的文章駢散交融，不落窠臼。此外，譚獻等人也工於文章，且主張駢散合一。譚獻認為，好文章就應該不拘駢散，穿行其中來去自如。漢魏文章亦是如此，文

才豔麗而不失趣味，辭藻絢麗而不淺薄輕佻，是內容與形式的完美統一。譚獻的門下弟子袁昶也主張駢散合一。袁昶因 1900 年八國聯軍侵華戰爭時向西太后慈禧進諫而被殺。駢散不分家是清朝興起的最後一種文體。縱覽清朝各個時期，最具清朝特色的文章，便是這種駢散不分、合二為一的文體。這些雖是文章之事，卻也與經學大有關聯，這一點是需要注意的。

　　到了近代，梁啟超等人來到日本，看到日本的報紙文章以後，被這種自由自在表達見解的報章文體吸引。文體改革始於來自廣東的駐日參贊官黃遵憲，勃興於康有為時期。到梁啟超時，中國的文章竟像是從日文翻譯過去的。康有為的文章雖駢散不拘，但不如梁啟超的那麼新派。梁啟超的文章與日本的報章文體已經十分接近，因其實用性強在中國非常流行。不過，是否只是流行一時就不得而知了。文章之事我們先說到這裡。

三、詩

　　接下來我們說詩。清朝的詩歌發展可以追溯至明朝時期。綱目中的李夢陽、何景明工古文辭，詩文遣詞造句都摹仿古人。詩歌復古的主張始於此。隆慶年間，王世貞等人主張為文應當效仿經書古籍、諸子百家，寫得莊嚴肅穆。王世貞還提出，詩歌方面應標舉盛唐。唐朝分為初唐、盛唐、

中唐、晚唐,李太白、杜子美等人就是盛唐時期的詩人。何
景明則傾向於取法更早的初唐詩歌。總之,這些人的詩歌多
為擬古仿古之作。復古思潮在文壇盛極一時的同時,反對仿
古的聲音出現了。譬如,鍾惺、譚元春、袁宏道猛烈地批判
了復古思潮。他們提出,詩歌是個人性情的真實流露,創作
本該隨心所欲,率性而為。這種詩論雖也流行了一段時間,

梁啟超

但在中國畢竟屬於極端，最終未能廣為流傳。明朝末期，陳
子龍等人雖然也像此前李夢陽、何景明一樣提倡詩歌復古，
卻不再一味受其拘束。明代令人眼花繚亂的詩文論爭終因
陳子龍復歸於正。

（一）清初大家

清初的詩壇大家有錢謙益、吳偉業等人。他們雖已另
立門戶，卻都深受陳子龍的影響。錢吳二人可謂清代詩歌
的開山之祖。顧炎武的詩歌雖然學問根底深厚，水平極高，
對後世也並非沒有影響，但卻不至廣為流傳。總之，開有清
一代詩風的是錢謙益和吳偉業二人。後來，錢謙益的名字
漸漸被人遺忘，或者準確地說，是被人抹去的。錢謙益本為
明臣，降清以後再次位居高官。雖然位居高官，他卻詆毀清
朝，屢屢作詩暗示自己並非心甘情願向清朝夷狄之族臣服，
只是明已滅亡，仕清實乃無奈之舉。錢謙益此舉引得乾隆
帝大怒，並將其詩集盡數禁毀。久而久之，錢謙益之名也就
被世人遺忘了。多年後，大名鼎鼎的王漁洋繼承錢謙益、
吳偉業遺風，成為奠基有清一代詩風的大家。此外，龔鼎孳
與錢謙益、吳偉業並稱江左三大家。再下面的吳兆騫是個
詩歌天才。他曾因獲罪被流放至滿洲，因此他的詩作多與
滿洲有關。感情充沛的南方詩人來到寒冷荒涼的北方之地，
這種經歷使吳兆騫的詩別有一番風味。總之，清代詩風的

錢謙益

吳偉業

奠基人是錢謙益和吳偉業。

（二）康熙雍正年間的大家名家

再下來的王漁洋也堪稱「清詩之祖」。王漁洋的詩風被
世人稱為「神韻派」或「格調派」。他的詩歌多沿用古代文
字，從不隨意遣造，讀來餘韻不絕，備受推崇。有人曾評價
王漁洋的詩歌「如華嚴樓閣，彈指即現」。此話出自《華嚴
經》，原意是彈指之間《華嚴經》中極樂世界的宮殿樓閣便
會現於空中，這裡則形容王詩之神韻。總之，王漁洋的詩歌
標舉神韻，獨具一格。但王詩也有一大弊病，那就是用典堆
砌。用典雖能顯示詩人的學識，但用得過多便有無法自如
駕馭，才力薄弱之嫌。施閏章曾批判道，「王漁洋作詩有如
施展魔法，一個彈指，便有樓閣現於空中；而自己作詩則好
比築屋，從打地基、立柱子到蓋房頂，一磚一瓦，皆由平地
起」。總之，人們對王漁洋的詩歌褒貶兼有。王漁洋雖然不
似李夢陽、何景明那般拘守盛唐詩風，卻也極為推崇唐詩。
幾乎同一時期或稍晚些時，詩壇還有一位名為查慎行之人。
查慎行不喜盛唐艱澀的詩風，而取法白樂天、蘇東坡作詩，
如此便奠定了他自然流暢的詩歌基調。朱彝尊也是這個時
期的詩壇大家。朱彝尊早期作品晦澀嚴肅，後來則以學問
入詩，變得隨性自由。以上王漁洋、朱彝尊、查慎行三人
均為康熙雍正年間的詩壇大家。

此後，詩壇名家輩出。王漁洋雖被推舉為一代詩宗，但也漸漸遭人反對。王漁洋有個親戚名為趙執信。趙執信曾向王漁洋請教古詩，但王漁洋沒有教他。趙執信於是靠着自己摸索作詩，處處貶低攻擊王漁洋。這時的詩壇已有柴紹炳、毛先舒等人，號稱「西泠十子」。西泠十子在杭州創登樓社，組織詩會活動。廣東一帶的詩壇名家則有屈大均、梁佩蘭等人。以上就是康熙雍正年間詩壇的一些大家名家。

（三）乾隆嘉慶年間的名家

乾隆嘉慶年間的詩歌繼承了康熙雍正年間奠定的基本風格。繼承王漁洋一派的是大名鼎鼎的沈德潛。沈德潛是個長壽之人，深得乾隆帝寵愛。王漁洋詩派備受沈德潛尊崇，後由王昶傳衍其宗派，是為王漁洋之正脈。只是當時詩壇的整體風尚已漸從王漁洋轉向別的流派。譬如，頗負盛名的袁枚就曾極力反對王漁洋的詩歌。王漁洋作詩謹遵古法，注重神韻，中規中矩；袁枚作詩卻更自由自在，隨心所欲。袁枚所代表的就是與格調派針鋒相對的「性靈派」。性靈派主張只有直抒胸臆才可謂之為詩，反對泥古不化，墨守陳規。乾嘉三大家就是此處所列的袁枚以及蔣士銓、趙翼。蔣士銓為人認真嚴謹；袁枚和趙翼卻比較極端，其中又數趙翼最極端。趙翼認為，詩歌只要是率性而為，俳諧之作亦無妨。歷代大家當中，趙翼最推崇查慎行，也多取法於查慎

行。趙翼雖然沒有公然反對王漁洋之說，但卻尊奉查慎行
為詩壇之正統。總之，袁枚旗幟鮮明地反對王漁洋；趙翼
則取法查慎行，暗中反對王漁洋。清朝中期，詩壇本就對王
漁洋之詩頗為反感，加之這些主張，更成一時風氣。

在此前後出現的詩人都列在了「綱目」當中，其中也有
不屬於袁枚一派的。乾隆至嘉慶年間，隨着時間的推移，詩
歌不再像乾嘉三大家那麼遒勁有力，而是變得清雅婉麗。
「綱目」中張問陶、楊芳燦及其之後的詩人都以清雅婉麗的
詩風著稱。有趣的是，在中國人看來，凡作詩必是心中有所
感慨；詩歌貴在吐露內心、真情流露；單純追求婉麗和技
巧並非詩之正道。因此，道光咸豐以後，詩風又發生了變化。

（四）道光咸豐以後的名家

道光咸豐以後，世道動盪不安。詩人受到了極大的刺
激。他們發現，那個可以悠然自得吟唱和平之音的年代已
經遠去。道光咸豐以來的詩人當中，龔自珍狂傲不羈，作詩
從來不拘一格。與此同時，魏源、歐陽紹洛、毛貴銘等一
眾湖南詩人出現了。這些湖南詩人追求生澀瘦硬的詩風。
曾國藩也同屬此派。這些人的詩文主張頗為個性，一般被稱
為「江西詩派」。他們提出，作詩應當先學宋代蘇東坡、黃
山谷，再至唐代李義山、杜子美。即便沒有天分之人，也能
照此學會作詩。只要肯下功夫鑽研學問，加以勤學苦練，就

能學會蘇黃之詩，尤其黃山谷之詩。之後便可進一步師法李義山之詩。李義山之詩委婉含蓄、不直不露。再上一層便是杜子美了。不過，大多數人在黃山谷左右便停滯不前了。因為要想達到杜子美的詩歌境界絕非易事，也確實鮮有人能做到。總之，江西詩派主張照此順序學作古詩。這是道光咸豐以後的情形。再早些時期，詩壇受查慎行等人的影響，力戒乾隆嘉慶年間性靈派的纖佻輕薄之風，提倡以學問入詩。可道光咸豐以後，世事變遷令人們唏噓感慨。剛健有力、沉重悲壯的詩風漸成主流，直到近日仍是如此。

　　此後列出的詩人大部分也同屬江西詩派。其中，張之洞等人格外推崇江西詩風。「綱目」中寫有「乾嘉以後諸家多由蘇黃入玉溪生，以窺工部」，其中的玉溪生是指李義山，工部則指杜子美。江西詩派盛行之際，詩風一度發生轉變，趨向以學問入詩。如同文章從唐宋八大家表情達意之文轉為以學問為根底的駢體文一樣，詩歌也漸漸轉向以學問入詩，趨於《文選》風格。「近時作家往往宗選體」就是此意。其中，王闓運在效仿選體詩歌方面極具天賦，幾乎可以達到亂真的地步。較之王闓運，譚獻等人的詩歌風格更雋秀柔美。這些都是近來詩壇上很有影響力的人物。中國凡作詩之人幾乎無人不知、無人不曉。

　　以上就是清朝最後的詩風。清朝的詩歌和文章最終都歸向了選體。

四、旗人文學

下面我們稍微講講旗人文學。由於清政府鼓勵皇親國戚讀書治學，滿清旗人中也出現了大量的詩人學者。嘉慶年間，鐵保所編《熙朝雅頌集》就收錄了蒙古旗人常安的詩文。常安在作詩為文方面天賦異稟。此外，盛昱還收集旗人文章，編成了《八旗文經》。《八旗文經》中雖有他人代筆之作，但也有旗人自己的創作。滿洲人與蒙古人很不一樣。精通中國文學的蒙古人甚少，但也不至於完全沒有。譬如，西域蒙古人的子孫後代也有能文善詩之人。不過在金、元時期，像滿洲旗人這般競相學習中國文學、熱衷編撰詩詞文集的情形是不曾出現過的。相比之下，滿人被漢化的成效格外顯著。詩文大體就講到這裡。

五、詞曲傳奇小説

最後我們再稍微講講「詞」。我們所説的詩在唐前都是可以唱的。唐朝初期，詩都可以和着樂器的伴奏來唱。唐朝中期以後，詩漸不入樂，代之而出的就是詞。日本有一種名為「端歌」的小曲，除原曲以外，還可以再配新詞，謂之為「替歌」。譬如，《春雨》有《春雨》的曲調，《黑髮》有《黑髮》的曲調，都可以重新填詞。中國的詞與日本的小曲很像。詞中也有各種曲調，譬如《百字令》就是一種曲調。詞人可以根據曲調進行填詞。宋代以來，外族入主統治中國

期間，詞得到了很大發展。對滿洲人、蒙古人來說，一點底子也沒有的情況下去學中國文學實非易事。而詞相對接近口語，平日又總吟唱，時常入耳。這種別具妙趣的事物與外來的民族文化更加契合。在徐乾學的幫助下編纂《通志堂經解》的納蘭性德就是一位天賦異稟的詞人。乾隆帝熱心於各種學問，對詞學的發展也頗費心血。康熙時期，很多優秀的詞學著作已經面世。到了乾隆帝時，他則特命研究古詞曲的名家黃文暘審校古代詞曲。

至於「曲」，其實就是以詞入樂，並輔以人的動作的戲曲的原型。清朝有很多名曲，譬如清初的《桃花扇》。清朝還有一位戲曲天才，名叫李笠翁。因詩名被稱為乾嘉三大家的蔣士銓也是戲曲大家，作有《九種曲》。戲曲作家輩出，使戲曲在清朝得到大發展。雖然元明時期戲曲也很興盛，但研究戲曲卻始於清朝。孔藝亭曾奉乾隆帝之命研究戲曲。

此外，「傳奇小說」在清代也有所發展，其中名氣最大的首推《紅樓夢》。《紅樓夢》是一部西方人讀過也都歎為觀止的作品，已經被翻譯成外文。這些小說中雖然也有一些近於淫猥低俗之作，但像《品花寶鑒》這種能夠反映清朝民族性的作品，是很有研究價值的。此外，中國人喜愛怪誕故事。蒲松齡的《聊齋志異》、紀昀的《閱微草堂筆記》都是志怪小說。大名鼎鼎的漢學家紀昀雖曾奉命編纂《四庫全書總目提要》，卻不屑再著新作，只在閒暇之餘寫下了志怪小

説《閲微草堂筆記》。袁枚也著有志怪小説《新齊諧》。這些都是從通俗文學方面研究中國民族性的重要材料，具有很高的研究價值。如今，圍繞清朝文學代表作《紅樓夢》的研究已經展開。

關於清朝的史學、文學，我大體就講到這裡。由於時間關係，大部分講得比較粗略。今天就到這裡。

第6講 藝術

今天我們來講清朝文化的主要部分——藝術。

藝術雖然種類繁多，但在中國卻以書畫為主。書畫這東西，如果不看實物只在講台上講，很難看出它們的演變過程。可書畫收藏家無人不把自己的藏品視若珍寶、愛護有加，所以演講時能拿出實物供聽眾參考是件很困難的事。這次演講承蒙東起東京、西至中國一帶的眾多著名收藏家厚愛，借給我許多珍貴藏品，得以展出供大家參考，我感到不勝榮幸。對我來說，這是研究上的一大幸事；對各位聽眾來說，也是難能可貴的一件幸事。

清朝的書法家

一、清初大家名家

要講清朝書法，還得追溯至明末時期。明朝初期，

書壇最盛行的是元代趙子昂之書。明朝中期，祝允明
等代表人物相繼出現，一改趙子昂以來的書風，上追唐
風，開創前所未有之新風。同時，書法名家文徵明出現
了。文徵明基本承襲趙子昂以來的書風。説起趙子昂以
來的書風，我們就得講得更遠些了。我們講詩時提過宋
代的黃山谷。黃山谷的書法開一代風氣。從黃山谷至
文徵明，整個書壇基本都在黃山谷書風的籠罩之下。後

文徵明的書法作品

來，祝允明開一代新風，推
陳出新。明末時期，著名書
家董其昌的書法風靡書壇，
對清朝書法極具影響。甚至
可以說，清朝書法有七分都
取自董其昌。

　　總之，清代書法受明代影
響頗多。師法趙子昂、文徵明
之人多以之前流傳下來的真
跡學習臨摹。如果沒有真跡，
就用描來的字帖代替。祝允明
之後，以碑帖研究書法的風氣
漸興。綱目中所寫的閣帖《淳
化閣法帖》在明末時期尤其盛
行。《淳化閣法帖》是宋太宗

董其昌

時收集古代書法墨跡刻印的法帖，最初刻在木板上，後來又
刻在石板上，十分珍貴。明朝末期，由於宋刻《淳化閣法帖》
真本難求，漸有翻刻本出現，從而使《淳化閣法帖》流傳甚
廣。這些刻本多由明朝的親王等富貴人家鐫刻。萬曆年間，
明肅王所刻肅府本《淳化閣法帖》問世，迅速傳遍天下，引
得人們紛紛臨習。但一代名家董其昌卻絲毫未受影響，仍然
臨習宋代以來的真跡。明末政治鬆弛，思想自由，學術新說

層出不窮，就連書壇也受到了影響，出現了一眾個性張揚、
別闢蹊徑的書法家。一代大家董其昌的書法在他生前及死
後的一段時間並未十分流行——當時大行其道的是各種標新
立異的書風。我在這裡列出一些跨越明末清初的書法名家。
譬如，傅山、王鐸雖然都是明末流派紛呈的書法家當中臨
習《淳化閣法帖》的主要人物，但秉性大為迥異。傅山是明
末忠臣義士。明朝滅亡以後，傅山不屑仕清，便帶着兒子歸
隱山林，以行醫賣藥為生，一生清白。而王鐸是個頗有爭議
的人物。明朝滅亡時，王鐸率先降清。不僅如此，南明君主
弘光帝擁守南京一年後外逃。弘光帝被捉拿回來以後，王
鐸竟對其大加辱罵。雖然傅山和王鐸是完全不同的兩種人，
但他們的書法風格卻很相似。明末清初，書壇雖然湧現一批
崇尚奇風的書法家，但臨習《淳化閣法帖》之風仍最盛行，
蔚為宗派。其代表人物就是這裡列出的傅山和王鐸。下邊
的宋曹也屬於閣帖派，不過最有名的還是傅山和王鐸。

　　這裡列出的冒襄和周亮工也是明末個性書法派的
代表人物。雖然以傳統視角來看，晚明書法可能不成章
法，但它們恣意縱情，題於掛軸，懸掛高堂，自有萬般
趣味。從這個意義上講，明末書壇可謂人才輩出，而且
都能各自成趣，實屬罕見。明末書壇何以有這麼多天才
橫空出世呢？可能是人們為所欲為、放縱墮落之時，反
而使得審美趣味得到了熏陶，所以即使筆法拙劣，也能

寫出別緻之感。展室中展出的冒襄和周亮工的作品雖從
尋常意義上說也不成章法，但都揮灑自如、別具一格。
冒襄縱情逸樂，風流一生。明末很多人都和冒襄一樣，
因生活風流，而影響到其書法。

二、康熙雍正年間的名家

康熙雍正年間，董其昌的書法盛極一時。康熙帝尤
其喜愛董其昌的書法。我們講第一講時展出的康熙帝
的書作就是臨仿董其昌的作品。康熙帝的書法作品有
很多都是臨仿董其昌的。一時之間，不僅康熙帝學於董
書，民間書法家也紛紛臨摹董書。由於當時的通訊尚
不發達，所以董其昌的書法在他死後三四十年才開始流
行。這裡列出幾個學於董書的代表人物。其中，笪重光
並非盡學董書，而是自董其昌入，從米芾出。陳奕禧則
專學董其昌。下邊的汪士鋐也跟陳奕禧一樣。總之，
列在此處的所有書法家都曾學於董書。時值康熙治下，
不僅天下太平，人心也日趨平靜，不再追求放蕩不羈的
生活。書風受社會環境影響，自然也有所收斂，變得嚴
正規矩。不過個性張揚的書法減少，也失去不少趣味。
康熙雍正年間，嚴正規矩的書法蔚然成風，籠罩書壇
六七十年。

董其昌書風大行其道的同時，碑帖研究日漸興起。碑

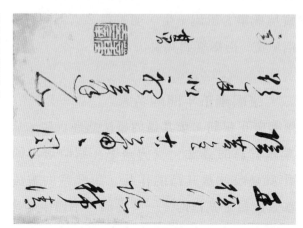

即石碑；碑帖研究即把石碑上所刻文字拓印下來，進行研究。石碑是為記載一些歷史事件而刻；帖則從一開始就是出於臨書需求才出現的。帖在很久以前並不指拓本刻本，而是指王羲之等人的真跡摹本。後來，這些摹本變得非常罕見。人們便開始將名家墨跡刻於石頭或木板上，刊刻出來供後人臨習，謂之為帖。然而，碑上所刻文字原本並非為了學書，而是另有他用。由於碑石上的字都寫得很好，所以後來才被人們當作範本學習。大部分中國書法家兼學碑帖。不過，明朝以前，由於古代真跡摹本已有流傳，所以書法家多以真跡摹本學書。明朝以後，碑帖之學漸興。到清朝康熙雍正年間時，由於世道太平，學問得以勃興。於是，越來越多的人開始研究碑帖。其中，尤以姜宸英、王澍等人的名氣最大。姜宸英、王澍等人十分擅長研究和臨習碑帖，就連他們的書法作品也極富碑帖韻味。姜宸英的書法極具個人特色，偶爾能從中窺見董其昌的風格。王澍的書法則妙在對前人書法的完美摹擬，自己的風格並不特別突出。隨着這些書法家的出現，碑帖派漸興。以上就是康熙雍正年間的書法。

三、乾隆嘉慶年間的大家名家

接下來就到了乾隆雍正年間。在這八九十年的時間裡，書法也和其他文化一樣，形成了清朝特有的風格。張照、劉墉是有清一代的書壇大家，都自帖學而入。當

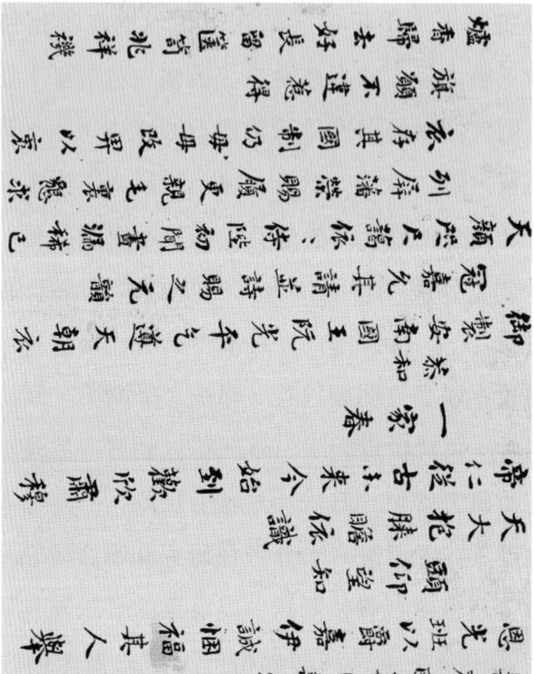

天恩壽宴見賚恭紀日光聽繼南以賜南和
御製恭和

帝念壽宴見賚班以喻繼南和其滿依請光
嘉古林佇尊國王國主觀之國王始到
慈冠製一程抱頭仰佇膽望嘉新來今識
旋恩嘉得南和家主朗望嘉今統和
嫣花冠製恭紀別陛持屏尺嘉先南和其滿依請光
婦嫻天滿主達其國際依請光
好逢國朝制顧佇並詩賜先
是慈巻切親侍之乎始到
醫賜陛一母親畫賜謁觀我
筠廷毫改見湄遵天親秋頼
兆甲豈毛氏瀜瀾阮福映
祥以妻態稀朝玄至山莊
祿妻爰求也玄稀人隆

劉墉的書法作品

然，帖學派也並非完全不學碑，只是以帖為主。張照和
劉墉的書法造詣達到了臨帖書家前所未有的高度。他
們的書法獨具一格，與臨習《淳化閣法帖》的傅山、王
鐸所代表的明末書風大不相同，形成了有清一代的獨特
風格。這些很難用語言描述清楚，希望大家都能去看看
實物。

　　張照和劉墉堪稱清朝前半期的書壇大家。與此同
時，書壇還湧現了很多名家，譬如這裡所列的梁同書、
梁巘、王文治、宋葆醇、鐵保等。其實，清代擅長書法
之人遠不止此，這裡列舉的只是一些有代表性的專業書
法家。這些書法家雖仍自董其昌入，從米芾出，一時難
脫古法，但已不似從前那般囿於董其昌一家，開始直接
自帖學入米芾。儘管大多數書法家學於米芾，但也有宋
葆醇等人摹擬顏真卿之書。此外，各個地域的不同風土
人情也對他們的書風有所影響。譬如，北方人和南方人
的書風就大不相同。當時，中國的南方地區文化繁榮；
而北方的北京又因是帝王之都，所以學者文人也多雲集
此地。這樣一來，中國就擁有南北兩個文化中心。南北
風土人情的不同在這些人的作品中得到了很好的體現。
梁同書、梁巘、王文治等人的書法極具江南風韻。由於
南方物產富饒、生活奢靡，所以他們的書風也非常華麗
唯美。我們再看北方書家。當時滿洲旗人中出了位名

叫鐵保的書法家。鐵保的書風圓潤粗重、沉穩有力，雖
不夠奇巧多姿，卻自有一種厚重古樸之美。同一風氣之
下，書壇雖然形成了極其相似的獨具清朝特色的書風，
但又可以分為兩個流派。

　　當時，北京還有一位研究碑帖的書法家——翁方綱。
翁方綱堪稱清代兼習碑帖之後勁。碑學方面，他多方搜
集新舊碑石拓本，進行比對研究；帖學方面，他也做了
細緻入微的研究。碑帖之學至翁方綱時達到最高峰，之
後無人能出其右。

四、道光以後的名家

　　道光以後，書風再生變化。早在翁方綱晚年時期，
道光以後的書壇大家就已相繼而起，並與前代大家產生
了書風之爭。道光以後的書壇大家首推鄧石如，此外還
有包世臣等人。包世臣雖書法平平，卻對道光以後書風
的盛行有提倡鼓吹之功。鄧石如和包世臣都屬北碑派。
北碑派是如何產生的呢？此前碑帖兼學的書法家不太
研究北碑，而多研究虞世南、歐陽詢、褚遂良、顏真卿
等唐代名家所寫的碑文。道光以後，有人開始研究六朝
碑。因為六朝碑主要出土於山東、河南等北方地區，所
以又被稱為「北碑」。這就是北碑派的由來。

　　北碑之風是嚴正規矩的唐風形成以前、書風將定未

定之時的一種過渡風格，頗具獨特意趣。道光以後，北
碑研究漸興。此外，金石學在當時十分盛行，帶動了漢
碑、六朝碑的研究。鄧石如是最得北碑派精要之人。鄧
石如去北京時，翁方綱還看過他的字。不過翁方綱並不
看好鄧石如的書法，大有貶低之意。當時，很多人貶低

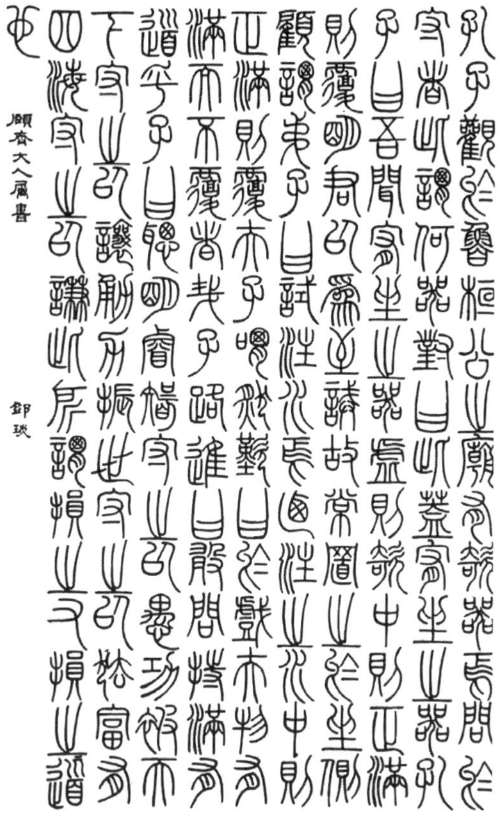

鄧石如的碑帖

鄧石如的書法，唯獨包世臣對其推崇備至。在包世臣不遺餘力的宣傳之下，鄧石如名聲大振，終成一代大家。在包世臣和鄧石如的大力倡導下，北碑之學不到十年便風靡天下。不久之後，北碑書法遠播朝鮮，引起了朝鮮的一場書法改革。當時，出使中國的朝鮮使者金正喜——此人也是大院君的老師——深受北碑書法影響，將它帶回了朝鮮。明治年間，北碑書法由中林梧竹 ① 傳入日本。

其實在此之前，已有人寫過像北碑派一樣風格奇異的書法，譬如書畫都別具奇趣的金農。不過，金農不像包世臣那麼能言善辯，未能開一派風氣。當時，阮元也有提倡鼓吹北碑之功。阮元不像包世臣一樣身體力行，只是從理論上提倡北碑。阮元的《北碑南帖論》和《南北書派論》文章雖短，卻引發了一場聲勢浩大的書風革新運動。不過，阮元的書法革新論只停留在高喊理論上，自己所作的書法仍然難脫前人窠臼，並不像他倡導的那般具有革命性。日本也有人深受阮元的影響，對他的主張深信不疑。但阮元的主張只是為推翻前人、另標新風而立，並非正確無誤、無懈可擊。總之，正如當時經

---

① 中林梧竹（1827—1913），日本書法家，與岩谷一六、日下部鳴鶴並稱為「明治三筆」。中林梧竹先後於 1882 年和 1897 年兩次渡海入清，專攻中國六朝碑版書法，將北碑書法帶回了日本。著有《梧竹堂書話》等。——譯者注

學尊漢抑宋的主張一樣，書法上也產生了尊碑抑帖的主張，引發了一場書法革命。從翁方綱到鄧石如，正好是中國書風發生巨變的一大節點。

與鄧石如同時代的書法家當中，也有人反對他的書風。鄧石如的篆書和隸書都寫得極好。同樣也寫篆書和隸書的錢坫、錢伯坰不僅未受鄧石如影響，還十分反對鄧石如的書風。錢坫為人狂妄自大；錢伯坰篆楷皆精，自視甚高。儘管這些人都很反對鄧石如的書法，但鄧石如的書法還是日漸盛行。滿洲人錢泳也是與鄧石如同時代的書法家，可謂守舊派的代表人物。書風革新運動當中，錢泳巋然不動，主張新未必好，舊未必壞，其見識可見一斑。這裡列舉的就是反對鄧石如的同時代的書法家。

再到後來，鄧石如的影響日甚。加之時人的鼓吹遊說，北碑之學大為盛行。這裡列出的許多人都是受其影響提倡北派書風的代表人物。其中，吳熙載是包世臣的門下弟子，在書法上繼承包氏衣缽。這時的書壇人才濟濟，為鼓吹新風貢獻了巨大力量。

以上都是道光以後書法界的情形。近來之人則有趙之謙以及去世不久的楊守敬和現仍健在的吳昌碩等。他們中既有極力鼓吹北碑之人，也有不甚宣揚、埋頭臨習之人，但大部分都屬北碑派。直到今天，北碑派在中國

也經久不衰。相比之下，帖學派卻幾乎沒有一個大家。道光咸豐年間，中國書風悄然生變。將北碑書風傳到日本、在日本享有很高聲譽的楊守敬曾在日本買賣北碑拓石，極力鼓吹北碑書風。儘管如此，楊守敬本人並不獨尊北碑，「綱目」中列出的《平碑記》和《平帖記》就出自他手。因此，楊守敬其實是碑帖並重，胸懷復興前風之志。他不像前人那樣專學唐碑，而是兼學北碑，只是在研究的過程中逐漸對唐碑產生了更大興趣。此外，他對清代前期的帖學也極有興趣。來到日本以後，他遍訪唐人寫經真跡。雖然近來情形有所改觀，但唐人真跡在當時的中國可謂千金難求。楊守敬初來日本，正值明治初

吳昌碩的書畫作品

期崇尚西學、欲廢漢學之時。奈良一帶寺廟裡的唐人寫經幾乎與廢紙無異。楊守敬見此情形大為震驚，開始轉向臨習唐人真跡，想要以此改變自己的書風。楊守敬之書雖終未真正回歸唐朝古風，卻頗受其影響。另外，中國近來有大量文物出土。譬如，西域地區出土了漢簡，駐守長城士兵的簿籍陸續現世。當年的簿籍大多書於木竹之上。出土之後，大部分文物被西方人帶去了法國等地。用於占卜的龜甲、篆書文物、隸書殘碑大量出土，並且都極具研究價值。學問大家羅振玉就曾參考契刻於甲骨之上的文字，嘗試創造一種新的書風。敦煌還出土了從六朝至宋初的經卷文書。雖然大部分文物被法國掠走，但它們的出土必定會對中國人的思想和書風產生很大影響。有朝一日，北碑南帖之爭或將不復存在，重歸於一，就像文學中古文和駢體文在相互鬥爭中最終走向交融一樣。隨着文物的不斷出土，書法家開始上溯古風，北碑南帖呈現兼容並蓄之勢——雖然能融合到何種程度還不得而知。中國書壇如今毫無衰頹之氣，新的研究層出不窮，以後也必將取得更大發展。以上就是清朝書法的大致情況。

此外，清朝還有一些女性書法家。可惜的是，我手上沒有她們最優秀的代表作品。「綱目」最後列出的吳芝瑛是廉泉的夫人。廉泉很以自己的夫人為傲，夫人的書法更是

讓他自豪不已。廉泉能如此以妻子為豪,也着實令人佩服。
吳芝瑛的書風一度發生變化。近來,她開始從董其昌轉學
北碑,造詣愈發深厚。我們展出的是她學於董其昌的作品。

　　最後,我再稍講一下論書名著。由於沒有時間具體
展開,我只把它們分成舊學和新學。舊學即對帖學書風
的研究;新學即對新興書風的研究。新學和舊學的代表
人物都已列出,如果有人想要研究書風,不妨讀讀他們
的著作。關於清朝的書法家,我就講到這裡。

清朝的畫家

　　接下來我們講講清朝繪畫。清朝繪畫涉及範圍極廣,
研究起來着實不易。我認為,比起繪畫的變遷史,我們
首先需要了解清朝畫壇最具代表性的大家。清朝初期,
畫壇湧現了六位大家。清朝繪畫和書法的時期劃分略有
不同。書法方面,清朝被劃分為順治年間、康熙雍正年
間、乾隆嘉慶年間、道光以後四個時期。而繪畫方面,
清朝被劃分為順治康熙年間、雍正乾隆年間、嘉慶道光
年間和咸豐以後。同一時代的所有文化並非總是同步發
展的。就拿唐朝的詩歌和文學來說,唐朝分為初唐、盛
唐、中唐、晚唐。盛唐時期詩壇已經掀起改革浪潮,而
文學迎來革新卻在更晚的中唐時期。所以,書畫雖同為

用手創造的藝術，發展卻未必同步。無論是書畫還是詩歌、文學，只要一方發展較晚，時期就會錯開，但最多也就早一時期或晚一時期，大體順序並不會有太大差別。

一、清初大家

首先，這裡列出了清初畫壇的六位大家。因為六位大家中有四人姓王，另外兩人分別是吳歷和惲格，所以世人又稱他們為「四王吳惲」。這六人都可謂有清一代的畫壇巨匠，不僅吸收宋元明諸家之長，還開創了一代風氣。尤其是位列第三的王翬，他被稱為熔古來畫風為一爐的大家。與中國書法一樣，中國繪畫也有南北之分，即南宗北宗。這種劃分並不是指地理上的南北，雖然也有人將它解釋為地理上的南北，但實際並非如此。南北二宗互相排斥，大有水火不容之勢。到王翬時，他將兩種迥然不同的畫風融為一體。其實早在明朝中期，南北畫風就已呈現出融合之勢。明人唐寅雖然師承北宗，屬於北宗畫派，卻與宋元時期的北宗大不相同，幾乎與南宗無甚大異。所以，南北二宗早在清朝以前就有融合之勢，到王翬時真正實現兼容並蓄。清初六大家把向來對立的南北畫派融會貫通，開創了清代各種極具個性的畫風。他們不僅在清代的繪畫變遷史中至關重要，在整個中國的繪畫發展史上也大有可觀。

清初六大家中，王時敏和王鑒的畫風受前代影響頗大。

王翬畫作

王翬畫作

王翬畫作

明末董其昌不僅開闢了書法史上的新時代，還開闢了繪畫史上的新時代。王時敏和王鑒繼承董其昌的衣缽，二人的畫風比較相近。王翬師從王鑒，年輕時得王時敏賞識，頗受王時敏稱讚。王翬上承董其昌遺風，遍學諸家，博採眾長而自成一格。我們再說康熙年間的王原祁。王原祁是康熙帝的御用書畫鑒定師，留下了許多重要的畫論著述。他曾參與編纂《佩文齋書畫譜》。《佩文齋書畫譜》內容詳盡、議

王時敏畫作

論系統，可謂前所未有。還有我們之前講過的吳歷。吳歷
與西洋繪畫淵源頗深，是清初六大家中受西法影響最大的。
而惲格堪稱六大家中的第一大天才。「綱目」中所寫的奉常
指王時敏，廉州指王鑒，石谷指王翬，南田指惲格，漁山指
吳歷，司農指王原祁。

　　有趣的是，這些畫家大多來自中國的兩個地方。王
時敏和王鑒來自上海附近的太倉州；王翬和吳歷來自
常熟。古時，太倉州名為婁東，常熟名為虞山。由於婁
東、常熟出現了這些大家，婁東畫派和虞山畫派便被奉
為清代畫壇的正統派。當時畫壇流派林立，浙江一帶有
浙派，江西一帶有江西派，福建一帶有閩派。但這些派
系都是旁枝末節，畫作亦有地方習氣。只有婁東派和
虞山派沒有明顯習氣，被奉為正宗。總之，清代畫壇認
為，不學婁東、不習虞山便不可謂之為正統。清初六大
家不僅是清代的畫壇大家，在整個中國歷史上也是赫赫
有名的大家。無論是詩歌還是文學，都是一個時代開始
以後，經過一段時期才漸成風氣。不過清代的繪畫風格
至此已經形成。只是是否真的可以稱之為清朝特色的畫
風，還有待考量。從歷史的角度來說，或許將其稱為清
朝前期的畫風才更貼切。可清朝畫家中，若論實力，能
與其他時代抗衡的大家也只有這六個人。因此，只好將
他們作為整個清朝畫壇的代表人物。他們的畫自然就是

吳歷畫作

代表清朝特色的畫。儘管如此，我們還是要承認與清初
六大家相對的清朝後期畫風的存在。

下邊的釋道濟指石濤，釋髡殘指石溪。石濤和石溪
的畫作不拘一格，代表了明末清初風姿奇逸的一派畫風。
他們的山水畫豪放縱逸，個性鮮明，是常人難以學來的。

陳洪綬和蕭雲從雖與石濤、石溪的筆法有所不同，

石濤畫作

風格卻大體相似。陳洪綬以人物畫見長，而且多畫時人很少想起的古代六朝人物。六朝之畫存世極少，所以陳洪綬不可能直接學於六朝，但應該多少臨觀過一些古畫。陳洪綬雖然身處明末清初，卻與一千五百年以前的高人逸士心境相通。他喜畫古人想必也是性情使然。蕭雲從則善畫山水。他的畫風逸趣橫生，頗具古風高韻。即使在畫風奇肆超逸的明末清初，陳洪綬和蕭雲從的畫作也格外獨特。石濤和石溪的畫作之奇，在於表達了當時那個時代的心理；陳洪綬和蕭雲從的畫作之奇，則由上追遠古時代的心境而生。蕭雲從的畫對日本也產生過影響。據說，蕭雲從的《太平山水圖》傳到日本之後，落入祇園南海 [①] 之手。後來，池大雅 [②] 根據《太平山水圖》學習南畫，開啟了日本的南畫。

此外，龔賢、呂潛、戴本孝等是明末清初畫壇另闢蹊徑之人。其中，龔賢的畫作多受西法影響，頗有幾分以往畫作中鮮有的印象派的意味。

顧殷、朱耷、徐枋、姜實節等人都是明末拒不仕清、

---

① 祇園南海（1677—1751），日本江戶時代著名儒學家、漢詩人、文人畫家，被譽為日本文人畫的開拓者，主要著作有《詩學逢原》《南海詩訣》等。——譯者注

② 池大雅（1723—1776），日本江戶時代著名畫家，代表作有《山亭雅會圖》《樓閣山水圖》等。——譯者注

蕭雲從畫作

歸隱山林的逸士。他們淡泊名利，與世無爭，作品自有一種高潔氣韻，也頗能展現明末清初獨具一格的畫壇風貌。

總之，石濤以下之人都是明末清初個性鮮明的代表畫家，其中又有反映當代心理、古代心境、隱士情操之別。由於畫家們各具特色，我便在列舉時做了如上分類。

再往下，項奎、查士標、顧大申、王武、程邃、文點、羅牧、高其佩等人繼承了明末中和平正的畫風。道濟到姜實節等人是明末畫壇個性鮮明的代表人物；項奎

到高其佩等人則深受明末以來流行的董其昌畫的影響，成為平正溫和畫風的代表人物。他們的畫作雖然也都各具特色，但整體上可以稱為明末畫風。其中不乏與清朝中期畫風相近之人。由於正值過渡時期，這時的畫壇既有人承前代遺風，也有人啟後代新風。但這些人的畫風整體上可以歸為一類。若要進行區分，也可以分為做前代總結之人和發後代先聲之人兩類。但無論如何，他們都是康熙時期的普通畫家代表。其中，惲格一派興起以前，王武的花鳥畫盛極一時，他本人也成了明末畫壇當仁不讓的代表人物。後來，惲格力壓王武，最終成為清朝畫風的開山之祖。王武之畫則成了明末畫風的終點。羅牧是江西人，被譽為江西畫派之祖。在被奉為正統的婁東派和虞山派看來，羅牧的畫筆意粗獷，帶有一種鄉下氣。最令人稱奇的要數高其佩的指頭畫。指頭畫是一種以指代筆的奇特畫技。高其佩是鐵嶺漢人，在滿洲長大成人。滿洲和日本的北海道一樣，在中國屬於文化落後的鄉下地區。一代天才高其佩在此橫空出世。

下面這位禹之鼎是以肖像畫著稱的清代畫壇大家。清代肖像畫原本自成一格，卻因受西洋繪畫影響，在乾隆帝以後發生了巨變。不過禹之鼎是明代以來的舊派肖像畫家，他的畫既未受西法影響，也不受清朝新風影響，一直保持舊有的畫風。

高其佩畫作

禹之鼎畫作

再下邊的笪重光和高士奇是精於鑒賞的畫家代表。
比起自己作畫，他們更擅長鑒定畫作。而高超的鑒賞水
平也使他們也能夠作出頗富逸趣的畫。

二、雍正乾隆年間的名家

接下來就進入了清朝繪畫的第二個時期——雍正乾
隆年間。雍正乾隆年間的名家有黃鼎、沈宗敬、楊晉、
唐岱、蔣廷錫等。這些人的畫風擺脫了明末影響，承襲
康熙時期漸漸形成的清代新風。其中，黃鼎師承王原
祁，實力非凡，幾乎可以躋身大家之列。沈宗敬與黃鼎

黃鼎畫作

不分伯仲。楊晉是王石谷的門下弟子，幾乎原封不動地
繼承了王石谷的畫風。中國繪畫界的師徒關係不像日
本那麼緊密，講究流派傳承。日本弟子如果沒有繼承老
師的畫風，會被逐出師門。而近代中國在這一點上要自
由得多，師徒之間並沒有太多嚴格的管束，可謂一大進
步。所以，楊晉完全繼承王石谷的畫風反倒顯得有些稀
奇。清朝初期，拘守師法的情形尚可得見；再到後來，
拘守師法的現象越來越少。唐岱是滿洲旗人當中最負盛
名的畫家。他學於四王吳惲，尤其取法王原祁。唐岱供
職於內廷畫院。畫院是皇帝御用的繪畫機構，彙集各地
名家大家、善畫高官。畫院之畫自成一格，雖筆法細膩，
卻難免過於匠氣，缺乏雅趣。唐岱的畫頗具畫院風格。
蔣廷錫擅長惲格畫法的花鳥畫，雖不及惲格的花鳥畫揮
灑自如、生意盎然，卻極為注重寫生，筆法精工細緻。
以上這些畫家大多跨越康熙、雍正、乾隆三朝，沿襲了
康熙年間沉穩嚴謹的畫風。

　　李世倬、王昱、張庚、張鵬翀等也和以上畫家一樣，
承襲了康熙時期的畫風。只是較之上面黃鼎等人，這些
人的繪畫功底可能要稍遜一籌。其中，張庚是鑒賞家兼
繪畫史家。

　　再到後來，畫風大變。錢載、錢維城、潘恭壽、尹
錫等人可以說是雍正乾隆年間畫壇的真正代表人物。與

蔣廷錫畫作

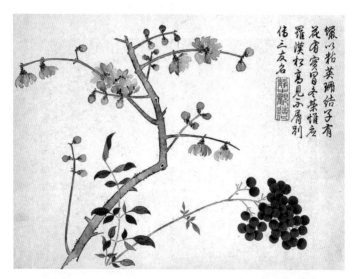

錢維城畫作

錢維城畫作

康熙時期相比，雍正乾隆時期的畫家大多另闢蹊徑。康熙年間，經學以宋學為主，即使偶有異說新論，也不會超出宋學範疇。乾隆時期，眾多學者開始轉入漢學，求新尚奇，令人耳目一新。學術界的思潮亦波及繪畫。乾隆時期，很多畫家不願墨守陳規，力求推陳出新。就拿山水畫來說，以往所畫多是深山幽谷等我們平常難得一見的奇觀異景，觀來不覺駭目驚心，後來所畫則多為司空見慣的尋常景色。然而，尋常風景落於紙上卻大不尋常，雖無奇險之氣，卻有沁人心脾之美。後來的畫都不像從前那麼講求筆墨技巧，而是更看重意境的創設。可以說，雍正乾隆以後，畫壇一改明代以前奉筆力筆意為圭臬的作派，開始注重表達心境，筆法也變得輕快而疾。不過，這種畫法並非人人可以模仿。我聽說，有個東京人曾去拜訪京都的某位收藏家，借了清朝名畫帶回學校，讓學生臨摹來學習南畫。這個人可以說完全不懂南畫的本質。宋明時期的院體畫在技巧上是有一定規律可循的，只要掌握其規律，便可以大致效仿。不過，雍正乾隆以後的畫力圖擺脫技巧的束縛，主張以自由手法表達個性，風格各異、張揚隨性，可謂既有章法，又不囿於陳規，一切以抒發心境為主。這種畫作靠一本正經的臨習摹仿是學不來的。而此人卻把它看成和北宗的畫一樣，以為學生通過臨摹便可學來，可見他完全不懂清朝的新畫風。

　　這裡我們有必要了解一下清朝新畫風的特點。清朝
湧現了很多筆觸靈巧之人。這些人用筆極輕，少用濕墨
而多用渴筆，追求輕描淡寫之間自然成畫，不在筆力上
做文章。這就是這個時期繪畫的特點。就畫的力量來
說，宋元明時的大家自不必說，順治康熙年間的清初大
家也是後人難以企及的。單從個人水平來看，四王吳惲
之後確實再無大家。但從清朝整體來看，畫壇後來出現
了很多風格各異的畫家。一代大家四王吳惲即使再多
才多藝，每個人的畫作也難以跳出自己的風格。而乾隆
以後，許多風格各異的畫家相繼出現。這些畫家作為個
體來看十分渺小，幾乎無人可與四王吳惲比肩，但他們
各有所長，作為一個整體形成了清朝後期的獨特畫風。
所以，這些人中沒有誰是可以忽略的，他們的畫作各有
趣味，獨具特色，倘若作為一個整體來看，未必不如四
王吳惲。換句話說，四王吳惲的時代與後來沒有大家的
時代並無優劣之分。乾隆以後雖再無大家，卻也群星璀
璨，共同裝點了這個時代的畫壇。

　　如此一來，畫壇出現許多稀奇古怪之人也是很自然
的，譬如金農、鄭燮等人。金農的畫與日本琳派 ① 的畫

---

① 琳派是日本江戶時代的繪畫流派，又稱「光琳派」或「宗達光琳派」。琳派
　畫風由俵屋宗達、本阿彌光悅始創，至尾形光琳而集大成，追求華麗的色
　彩和豐富的裝飾性，主要代表人物有酒井抱一、尾形乾山、深江蘆州、渡
　邊始興、立林何帛等。——譯者注

金農畫作

有些相似，但畫風更粗獷，野趣十足。他的字也是如此。
鄭燮喜畫蘭竹等簡單題材，頗具野趣。這兩人的畫在乾
隆時期也屬怪異，代表了一種極端排斥技巧的畫風。

其次是高鳳翰、華喦、李鱓、邊壽民等人。這些人
的畫在日本人眼裡雖沒甚麼特別之處，但中國人看來卻
有縱逸之氣。以中國的審美來看，日本人的畫其實鄉下
氣十足。婁東派、虞山派等正統畫派那種純淨平和、習
氣盡除的高水平畫作，在日本少之又少。在中國人看來，

日本人作畫一味求奇，就有了種鄉下氣。雖然不知今後會如何發展，但中國自古以來就是東方的文化中心，日本則長期處於邊緣地帶。這麼說可能要對不起國家主義者，但文人畫這種東西本就是中國文明的產物，中國為正統、日本有鄉下氣也在所難免。總之，日本人看中國人的畫屏弱無力，中國人看日本人的畫則有鄉下氣。以上所舉的高鳳翰、華喦、李鱓、邊壽民等人的畫在日本人看來頗有趣味，卻被中國人視為異類。清朝傳入日本的畫當中，尤數這些畫最受日本人喜愛。

再下邊的王玖、王宸都是名家之後。王玖是王石谷的後人；王宸是王原祁的後人。他們雖都秉承家學，卻也多受時代影響。因此，他們的畫風與前人的畫風頗有不同。不過，他們所代表的是一種正統嚴肅的時代風氣，而非以上諸家那種標奇立異之風。

張宗蒼是雍正乾隆時期的一位大家。他的畫作氣勢恢宏、蒼勁有力，一洗當時宮廷畫院慣有的甜熟之習。乾隆帝南巡途中，張宗蒼得乾隆帝賞識，後進入畫院供職。雖說他的作品不染院畫之俗，卻也不是完全未受影響，只是在當時供職畫院的畫師中能夠不失本色，更出類拔萃而已。究其原因，可能是他並非畫院出身，而是中途受命供職畫院，而且早在進入畫院以前已經成為畫壇大家。可以說，張宗蒼的畫代表了乾隆時期最氣

張宗蒼畫作

勢恢弘、蒼勁有力的畫風。其實，即使在乾隆時期，畫
壇大家也有回歸四王吳惲畫風之勢。只有不懂行的無名
畫家，才會一味標新立異，真正的大家反倒不作怪異之
畫。張宗蒼也是如此。若撇開時代再看張宗蒼的畫，很
難看出它是乾隆時期的作品。也就是說，他的畫並不具
有乾隆時期畫風的鮮明特點。但張宗蒼的畫卻堪稱中國
文人畫的代表，擁有一種超越時間、稱冠古今的力量。
這也正是他的偉大之處。

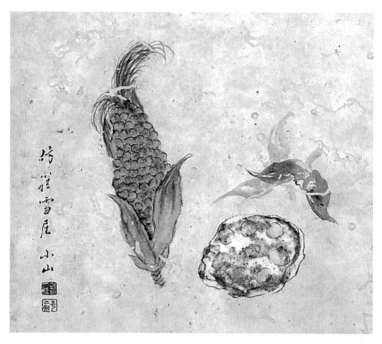

鄒一桂畫作

　　下邊的鄒一桂、董邦達、董誥、張若靄等人都是畫院畫家。這些人並非專門作畫之人，而是朝中重臣，身居高官而兼工繪畫。他們奉皇帝之命所作的畫都是純粹的畫院風格。乾隆帝格外喜歡新奇事物，所以當時的畫院如意館也頗受歐洲文化的影響，宮廷繪畫多為細密精巧之作。無論宋徽宗還是明宣宗時期，宮廷喜好都大致無二，偏愛用筆細緻、注重寫生的畫。乾隆帝也不例外，只是在此基礎上，又尤其喜愛融入西洋畫法的作品。董

邦達等人自己作畫雖豪放不羈，奉旨作畫卻極為細膩。鄒一桂的《百花詩卷》頗負盛名，其手法尤其是賦彩完全是受西洋畫的影響。

沈銓畫作

　　此外，乾隆年間還有一個叫沈銓的畫家。在畫壇新風撲面而來的那個時代，沈銓沿襲明代畫院風格的寫生畫，難免顯得無趣。沈銓的寫生畫在日本雖然有着至高無上的地位，但在中國人看來卻稍顯落伍，有些不合時宜。由於沈銓的畫深受日本人喜愛，他本人還受幕府之邀來長崎作畫，對日本畫風產生了極大影響，使此前一直宗法明代邊景昭的日本畫壇煥然一新，出現了圓山應舉[①]等一代大家。姑且不論水平高低，單從時代來看，日本畫遠遠落後於中國。雖然沈銓拘守明風的畫作在當時的中國

----

① 圓山應舉（1733—1795），日本江戶時代畫家，「圓山派」之祖，早年師從石田幽汀學作狩野派畫，後來學習西洋透視畫法，並研究中國寫生畫，融會貫通，開創日本新畫風。代表作有《難福圖卷》《雪松圖》《保津川圖屏風》等。——譯者注

看來陳舊過時、死氣沉沉，但日本人卻對他另眼有加，還特意邀他來日作畫。於是，沈銓的名聲在日本大噪。說句題外話，西方文化傳至日本以前，日本文化晚於中國一百五十年到二百年左右，日本的所有事情都是亦步亦趨地緊隨中國腳步。

　　袁派之畫又是另一種風格，其代表人物是袁雪、袁江、袁耀。在日本人看來，袁派之畫可能並無奇異之處。袁氏一派自北宗入，後受西洋畫風影響，開始效仿水彩畫進行寫生。德川末年，日本擅畫山水的寫生畫家中，正統畫派首推谷文晁[①]，浮世繪派首推歌川廣重[②]。這裡的袁派之畫居於正統畫派和浮世繪派之間，雖不及谷文晁的品格意境，也不像歌川廣重具有關東地方特色，卻通過參考西洋寫生畫法，開創了山水畫中的一種寫實畫派。陸晦也屬於這一畫派，畫風接近於日本的四條派[③]。四條派之畫或許在中國人看來意境不高、索然無味，但正如寫實畫風在當時畫院大為流行一樣，袁派畫風在當

----

① 谷文晁（1763—1840），日本江戶時代畫家，代表作有《集古十種插圖》《公餘探勝圖卷》《五柳先生圖》等。——譯者注

② 歌川廣重（1797—1858），日本江戶時代浮世繪畫家，擅畫風景畫，代表作有《東海道五十三次》《名所江戶百景》等。——譯者注

③ 四條派是日本著名畫派，江戶中期由松村吳春開創。由於松村吳春住在京都四條東洞院，所以得名「四條派」。四條派從江戶末期到明治時期一直是京都畫壇的中心畫派，對日本繪畫影響重大。——譯者注

袁江畫作

袁耀畫作

時的民間也頗為盛行，蔚為時代思潮。不過，袁派之畫直到近年才漸為日本人所知。所以，日本德川末年的畫風雖與袁氏一派頗為相似，卻並未受其影響。日本谷文晁等人的山水寫生遠比袁氏一派意境高雅。總之，袁派之畫雖然在中國人眼中意境不高，卻也在乾隆時期的各大畫派中獨樹一幟，代表了一種審美趣味，是清代文化中不可忽視的一部分。

下邊的上官周、黃慎等都是福建人，屬於閩派畫家，創作以人物畫為主。上官周早在康熙末年就已聲名鵲起。黃慎承襲了上官周的風格。他們的畫作具有福建地方特色，與日本松村吳春 ①、長澤蘆雪 ② 之畫頗有相似之處，很容易被誤以為是日本人所作。閩派之畫在中國被看成鄉下人的畫，習氣過重、格調不高，但較之松村吳春、長澤蘆雪的畫，格調還是很高的。

三、嘉慶道光年間的名家

以上是乾隆時期各大畫派的代表人物。此後，流派

---

① 松村吳春（1752—1811），日本江戶時代畫家，曾隨與謝蕪村學習南畫，後來畫風多受圓山應舉影響，是上文提到的「四條派」的創始人。——譯者注

② 長澤蘆雪（1754—1799），日本江戶時代著名畫家。其重要代表作包括《群猿圖》《山姥圖》等。——譯者注

奚岡畫作

紛呈、空前繁榮的繪畫全盛期一去不復返,畫風日趨單調。嘉慶道光以後,畫壇整體承襲四王吳惲之風,其中尤以繼承王原祁衣缽者最多。四王吳惲當中,若論水平,王原祁處於最末,但因其筆墨生拙,卻反得一種趣味。中國人甚為推崇這種趣味,稱之為士氣。不可否認的是,近來的藝術界大有外行抬頭之勢。人們認為行家匠氣十足的藝術不足為道,轉而開始推重外行的藝術。也就是說,過於工巧的作品缺乏趣味,瑕疵之作反而更富奇趣。四王吳惲當中,王石谷之畫最精巧,被鑒賞家列為能品。王原祁之畫雖非瑕疵末流,卻最富外行之趣。有瑕疵卻能以趣味取勝的作品一般都被列為逸品,王原祁的畫卻被視為神品,達到正統畫的最高境界。較之王石谷,王原祁的畫更具士氣。王原祁曾奉康熙之命鑒定書畫,得以遍

覽古今名畫。而大部分遍觀名畫的鑒賞家都有輕視技巧
的傾向，因此王原祁之畫才變得愈發不講技巧，追求士
氣。嘉慶以後，這種士氣越加輕靈灑脫、清雅秀逸。

　　嘉慶道光年間的名家有康濤、張崟、羅聘、奚岡、
黃易、王霖、錢杜、王學浩、黃均、朱昂之等人。這些
人的畫大多用筆輕靈、頗富士氣。

　　其中，張崟的畫體現了他深厚的文化修養，兼具技
巧與士氣。奚岡、王霖、錢杜雖都畫技超群，卻試圖透
過巧致呈現一種清雋超逸的外行之趣。錢杜雖然水平高
超，可以作出十分精巧的畫，卻也極力擺脫匠氣，追求
溫粹清秀的畫風。上述這些人獨運匠心，滌盡糟粕，精
練技藝，終得在畫作中呈現外行之趣。所以，這並非不
及行家意義上的外行之趣，而是一種超越行家、別出心
裁的外行之趣。若論畫的力量，這些人確實不敵四王吳
惲。但就意趣來說，他們卻代表了四王吳惲時期不曾有
過的一種超逸之趣，也可謂嘉慶道光時期的一大亮點。
錢杜、黃易等人雖承襲王原祁的作畫風格，但比王原祁
作畫更灑脫不羈。若論力量和技巧，錢杜、黃易等人必
不及王原祁；但就意趣來說，錢杜、黃易更勝一籌。

四、咸豐以後的名家

　　咸豐以後，清朝開始走下坡路，繪畫方面也進步甚

小。嘉慶道光時期,輕靈曼妙、清雋秀逸的畫風大為盛行。道光末年以後,清朝內憂外患,世道日漸衰落。在重大歷史變故的刺激下,文學往往會發出激越雄壯之聲。美術雖然與由思想而生的文學有所不同,很難有亂世中名家輩出的局面,卻也不乏經亂世而巍然屹立、歷滄桑卻愈富意趣的畫家。

湯貽汾和戴熙是咸豐以後當之無愧的亂世畫家代表。他們技藝超群,較之嘉慶道光年間的名家可能更勝

湯貽汾畫作

一籌。他們的畫作雖無嘉慶道光年間的名家畫作輕靈曼妙、清雋秀逸，卻以疏朗迭宕、沉實厚重之力取勝。道光末年以後，世道紛亂，人心動盪。受社會環境影響，詩文愈發蓬勃向上，繪畫也並未止步不前。只是不同於太平盛世，人們難再從容優遊於書畫之間，作畫之人自然有所減少。長毛之亂持續十幾年，這個時期的藝術整體走向衰落，但仍有代表這個時代的大家出現。譬如，湯貽汾在嘉慶道光年間清麗柔美的畫風之上融入了疏朗迭宕的勁健骨力；戴熙則回歸沉實厚重的清初之風，表現出一種身處亂世的悲壯蒼涼之感。總之，這兩人都是當時的畫壇大家。湯貽汾和戴熙的畫作或許意趣不足，但其筆力之透澈卻可與四王吳惲匹敵。兩人都在長毛之亂中殉於國難。

　　下邊的沈宗騫和秦祖永既是畫論家，也是畫家。清朝前期，畫論家或鑒賞家等外行之畫與專業畫家的作品之間有很大差別。而到沈宗騫和秦祖永時，畫論家之畫竟與當時專業畫家的作品沒有太大差異。也就是說，繪畫審美整體上愈發趨向外行之趣。這是清朝前期、後期畫風變化的一大顯著特點。

　　以下所舉都是清朝至近代的畫家，譬如王素、趙之謙、張熊、任伯年、顧若波、錢吉生、陸恢等人。這些人都是同治光緒時期畫壇的代表人物。清朝末年，中國

任伯年畫作

飽經戰亂，畫家人數大幅減少。值此畫壇蕭條之時，卻
有不世之才趙之謙橫空出世。趙之謙的畫作卓絕出眾，
屬於純粹的印象派。他最早以金石家聞名於世，在書法
上亦是近代以來的大家，宗法北碑一派，被譽為鄧石如
後勁。當時，學於北碑之人雖多，卻鮮有脫去唐碑習氣
之人。趙之謙學書的淵源不同於其他書家，深得北朝書
風之精髓。與書風相似，他的畫風也絲毫不落俗套。嘉
慶道光以後，無論格調多麼清新的畫，也都循規蹈矩，

趙之謙畫作

多學於元明大家以及四王吳惲。唯獨趙之謙能夠不囿陳規，注重寫意。趙之謙最擅長畫花卉。巧合的是，趙之謙在四五十年前所作之畫竟和今天西方畫家所作的日本畫類似。而日本畫家在文部省美術展會上的所謂創新之作，趙之謙很早以前就在畫了。繪畫衰微之際，卻有如此天才橫空出世，也可謂一大奇觀。因此，趙之謙是這個時代尤其值得關注的人。除他以外，大多數人只是蹈襲嘉慶道光之風，無人堪當大家之名。時至今日，畫風亦日趨衰微。不過，近來的畫家在品位格調上並未完全失去中國繪畫的長處。乾隆嘉慶時期一般被認為是清朝

文化的巔峰時期。而繪畫在走過異彩紛呈的極盛期以後
仍能有趙之謙這種天才出世，可見中國的藝術潛力尚未
消失殆盡。將來世道重歸太平、文化復興之際，畫壇極
有可能再生變化，開創新風。至於趙之謙會在那時的畫
壇佔據甚麼地位，我們拭目以待。

　　下邊的顧洛、姜壎、余集、改琦、費丹旭、湯祿名
等人都是仕女畫家。之所以特別舉出仕女畫，是因為康
熙年間的禹之鼎以前，人物畫家大多繼承古來的傳神寫
照之法。後來，肖像畫多出自工匠之手。許多畫家的創
作題材漸漸局限於山水；人物畫家的創作範圍也縮小到
了仕女畫上。仕女畫因此逐步得到發展，尤以乾隆嘉慶
道光以後盛行。以上所舉畫家都是嘉慶道光至咸豐年間
之人。其中，湯祿名是上面講過的山水畫大家湯貽汾之
子。清朝仕女畫革新了明朝畫風。仇英是明代有名的
仕女畫家。後人作仕女畫大多取法仇英，這種風氣一直
延續到清朝中期。嘉慶時期，山水畫形成清朝特色的同
時，仕女畫也自成一種新風格。開創仕女畫新風的主要
人物是改琦和費丹旭。他們一改仇英纖麗柔媚的仕女
畫風，力圖如實呈現那個年代秀美、富有活力的美人風
姿，成功擺脫了舊式仕女畫全憑空想而作的習俗。這就
是反映嘉慶以後時代審美的新仕女畫的風格。

　　最後的顧媚、李因、馬荃、陳書等人是清朝最具代

表性的女性畫家。惲格家中的女子多有繼承家學之人，其中尤數陳書最負盛名。直到年老，陳書也未曾放下畫筆。不過，這些女性畫家並未對清代畫風產生太大影響，最多只是添些餘興。

以上就是清朝繪畫的大致情況。整體看來，繪畫與經學、史學、文學等其他文化的沿革路徑相似，只是最後的發展趨勢有所不同。經學和詩文方面，不同流派最終融為一體，直到晚清仍有名家學者輩出。相較之下，畫壇到晚清時期日趨衰微。自古以來，每逢亂世或者國家不穩定時期，繪畫領域的專業畫家都會減少，即使偶有天才出世，也很難出現名家輩出的局面。咸豐年間，湯貽汾、戴熙以後，畫壇可謂再無大家。趙之謙是個另類的天才，與通常意義上的具有代表性的大家還有所不同。近來時世變遷，畫壇或許已有人才出現。但畫作畢竟不同於學者專著，能被同時代人看到的機會少之又少。因此近年來的畫壇名家還不太為人所知，誠為一大憾事。中國通訊尚不發達，我們見聞有限也是沒辦法的事情。整體看來，無論是經學、史學，還是詩文、書畫，各個文化領域在某個節點以前都有着非常相似的發展脈絡。而且可以斷言的是，清朝文化與任何其他時代相比都毫不遜色。

最後，我本想對這為期六天的演講做個總結，一則

時間比較緊張，二則我認為只要把六天的內容稍作整理思考，諸位自己就能得出一定結論，完全無需我來代勞。因此我決定省去結論部分。演講結束之前，我還想特別感謝本次為我們提供珍貴藏品的各位收藏大家，譬如大阪的上野理一①先生、東京的山本悌二郎②先生。非常感謝各位的傾力相助。我的演講到此結束。

---

① 上野理一（1848—1919），號有竹齋，日本《朝日新聞》的創始人之一。他精通茶道，愛好美術、收藏，曾創辦美術雜誌《國華》，藏有大量中日古畫名品。——譯者注

② 山本悌二郎（1870—1937），日本實業家、政治家，曾任內閣農林大臣，藏有大量中國書畫，並將其編錄為《澄懷堂書畫目錄》。——譯者注

第二部分

清朝衰亡論

革命軍進攻南京

緒論

　　這本小冊子原名為「清朝的過去和現在」，是 1911
年 11 月 24 日、1911 年 12 月 1 日、1911 年 12 月 8 日
我在京都大學的三次演講的速記稿。演講結束後，京都
大學以文會[①]有意將其出版，便對稿件中的文字謬誤做
了一番校改。演講內容是我當時的所感所想、肺腑之
見，事後未做任何改動。時局或許瞬息萬變，但大勢終
會歸一——我對此深信不疑。

1912 年 1 月 15 日

內藤湖南附記

[①]　京都大學以文會指創設於 1909 年的京都帝國大學以文會，當時成員包括
　　醫科、文科、理工科等各分科大學的學生，以及教職工和畢業生，並發行
　　《以文會志》雜誌，1913 年與運動會合併為「學友會」，1941 年改名為「同
　　學會」。現在的京都大學以文會指京都大學文學系的同窗會。——譯者注

第1講 兵力上的變遷

　　早年，因為職業關係，我非常關注清朝的時局。忝列京都大學教席以來，我才開始逐漸擴大研究範圍。這次演講如有不確不妥、難負重望之處，還請各位諒解。

　　我演講的題目是「清朝的過去和現在」，分為三次來講。不過現在的人真正想聽的，並不是清朝的過去或者現在，而是它的將來。我選定這個題目是在一週以前。從今天開始到演講結束，共有兩週時間。在此期間，清朝局勢會發生何種變化，我們一概不知。所以演講期間，只有清朝的過去和現在是確而有之的，將來是否存在都還是個問號。鑒於此，我決定暫且不談將來。如果演講結束當天還有將來可談，到時我再講上幾句。

　　剛才說過，這次的演講分為三次來講。我每次各就一個問題儘可能進行系統闡述。清朝的過去和現在這個題目範圍過於寬泛，講甚麼都可以，講多少也仍有可講

之處。選定題目之前，我也考慮到了這點。只是清朝形勢日日在變，站上講台以前很難知道該講甚麼，所以我才定了這個可以自由發揮的題目，好講一些即使放在今天來講也基本不會出甚麼錯的昨日情形。今天我們主要講清朝建國以來的兵力變遷。

如今，清朝國運漸衰。這與兵力上的變遷有着密不可分的關係。正如兵力強盛是一國之興的重大要素一樣，兵力薄弱自然也是一國衰落的重要原因。所以，今天我想主要講講清朝的兵力。第二次講清朝的經濟變遷。第三次講甚麼現在還很難說，要看到時是否有將來可講再定。

入主中原以前

早在入主中原之前，清朝的兵力就已具有十分鮮明的特點。雖然滿洲地區在以前的中國人看來是蠻荒之地，但居住在這片土地上的民族卻十分強悍。如今，滿洲人被清朝稱為滿族；但就在明朝時期，滿洲人尚且被稱「女真族」。古代有句諺語形容女真族的強大，即「女真不滿萬，滿萬不可敵。」意思是，女真族尚且不足一萬人，倘若有一萬人就會無敵於天下。由此可見，女真族強悍的戰鬥力自古有名。滿族與蒙古族因為都是北方民族，所以很容易被人混為一談。但其實二者差別很大。蒙古族是遊牧

女真騎士

民族;滿族則非遊牧民族。清朝的歷史學家認為,滿洲人雖以射獵為生,卻不是遊牧民族。滿洲人雖自古以強悍聞名,但與其他強族相比孰高孰低,仍未可知。東洋各國的強族當中,我們且先以日本為例做個比較。萬幸的是,正好有個標準可將日本和滿族比較一番。

努爾哈赤的兵制

比較之前,我們首先需要了解滿洲早期的兵制。清

朝建國之初已有八旗。八旗是清朝奠基者太祖高皇帝
努爾哈赤建立的一種兵制，以三百人的隊伍為最小單
位，一千五百人的隊伍編成一大隊，七千五百人的隊伍
又編成一隊。所謂旗，也就是這裡的隊。所以，每旗有
七千五百人，八旗共有六萬人。後來，在純粹的滿洲八
旗的基礎上，清朝又相繼建立了蒙古八旗和漢軍八旗。

　　關於八旗軍隊在作戰時如何排兵佈陣，《清實錄》當
中都有記載。八旗編成之時，相關兵書裡介紹過八旗軍
隊的作戰陣法，只是都未保存下來。如今，只有《清實
錄》當中還存有一些八旗軍隊作戰陣法的相關記載。觀
其陣形，八旗軍與敵軍作戰時，披堅甲者執長矛大刀，
作為前鋒；披輕甲者多為執弓善射之人，從後衝擊。滿
洲人稱堅甲為鐵甲，稱輕甲為綿甲。鐵甲以緞子或木棉
做正常衣裳，用鐵釘把一寸[1]三四分[2]至兩寸的薄鍛鐵片
連綴成衣裡，穿於兩袖以及上身。腿甲則與日本相同，
是將長方形的細小鐵片編製成甲，綴於緞子或木棉內
裡。頭盔與蒙古、朝鮮相同，都是鐵製的，只有護頸部
分是在緞子或布料內裡裝入鐵甲片。綿甲裡面則沒有鐵
片，只是緞製或棉製的兵服；將領穿緞製的綿甲，普通

---

[1]　寸，長度單位，一寸約合 3.33 厘米。——譯者注

[2]　分，長度單位，一分是一寸的十分之一，約合 0.33 厘米。——譯者注

八旗中的正黃旗和鑲黃旗

清朝士兵及裝備

士兵穿棉製的綿甲。

如上所述，八旗士兵有披鐵甲者與披綿甲者兩種。披鐵甲者佈於前列，手持大刀長槍；披綿甲者佈於後方，多為射手。除了披鐵甲者和披綿甲者，其他人都是精兵。雖然滿洲人基本都是騎兵，但第一列和第二列士兵需要下馬作戰。精兵則無需下馬，隱藏在別處伺機而出，以便抓住戰機，向敵陣發起衝擊。這就是滿洲八旗的作戰陣法。這與同一時期日本戰國時代的作戰陣形大不相同。

中古日本的佈陣兵法雖然流派眾多，但自從有了鐵炮，陣形大體如下。足輕 [①] 裝備鐵炮佈於前列，負責遠程攻擊；足輕後面的射手則負責不斷放箭；當敵我距離接近時，後方槍兵衝上去作戰；最後再由旗本武士 [②] 與敵軍短兵相接。日本的這種陣形與滿洲的佈陣順序恰恰相反。滿人槍在前方，弓矢隱於其後。在日本人看來，這相當於以身披鐵甲之兵為盾防，抵禦敵軍的弓箭炮彈（當時可能還沒有炮彈）；弓箭手則輕裝上陣，躲在暗處射箭；待敵陣被打亂後，騎兵最後從側翼切入，蹂躪而進。滿洲這種前方有人擋箭、後方在掩護下作戰的方式

① 足輕指日本中古和近代時期平時從事雜役、戰時成為步兵之人。——譯者注
② 旗本武士指日本戰國時代由大名（領主）直接指揮的軍隊。——譯者注

乾隆帝閱兵

與日本戰酣之時短兵相接的白刃戰相比，孰優孰劣姑且不論。單從佈陣方法來看，滿洲明顯比日本更膽怯。經過這番比較，滿洲兵力與日本兵力孰強孰弱，想必諸位已大致了解。日本士兵皆以赴死的信念作戰，滿族軍隊則並非如此。

滿兵與明軍的比較

接下來我們再將滿兵與蒙古強盛時期的兵力做個比較。由於時代不同，所以我們不好再從陣法進行比較。但從戰績來看，蒙古強盛時期也就是元朝初期的兵力較之滿兵要強大得多。元朝初興之時，蒙古大軍所向披靡。無論是金國還是南宋，幾乎都無法抗衡蒙古大軍。不過滿洲初興時，明軍尚能與滿兵抗衡。究其原因，並非明軍實力強大，而是滿兵不夠強大。日本征伐朝鮮時曾與明軍有過較量，當時的明軍實力並不強大。或許是因為久經沙場，明朝末期的明軍才能與滿兵抗衡。當然，這一切還得仰仗袁崇煥。最開始的野戰當中，滿軍強悍無比，明軍處處不利。明末時期，遼東經略袁崇煥苦苦思索以殘弱明軍對抗滿洲鐵騎之策。他意識到明軍不善野戰，便決心堅固城池，用西方大炮進行抵抗，沒想到竟真的一招制敵。攻打寧遠城時，百戰百勝的太祖高皇帝努爾哈赤就敗給了袁崇煥的堅城利炮。不僅如此，這次慘敗還使所向無敵的太祖高皇帝努爾哈赤抑鬱成疾。自此一役，明軍不再畏敵如虎，開始重拾信心，並湧現了一大批優秀將領，譬如祖大壽、祖大弼（後來投降滿軍）等。其中，祖大弼尤其驍勇，曾闖入敵方軍營，與太宗文皇帝皇太極短兵相接，差點砍死太宗文皇

帝皇太極的戰馬。祖大弼還曾夜襲滿軍大營，引爆火藥，與敵軍大戰一場。可見，明軍到後來時漸漸強大起來。所以雖從結果來看，明朝滅亡，明朝的土地也被滿洲佔領，但明軍實際上並非為滿軍所滅。滿軍是在明朝亡於內亂以後，才舉兵南下取而代之的，頗有幾分僥倖。滿軍實力雖也不算弱，只是不如蒙古大軍征服中國時那般所向披靡。

太宗文皇帝皇太極雖多次侵入北京附近和山東一帶燒殺搶掠，但由於無法攻下山海關外的四座城池，最終未能滅明。後來，順治帝繼承皇位。順治帝年幼時，明朝亡於內亂。當時，山海關守將吳三桂為報仇雪恨，向滿洲提出借兵之請。清朝攝政王睿親王多爾袞答應了吳三桂的請求。吳三桂大仇得報以後，滿軍也得以順勢攻破北京，建立清朝。所以，滿軍雖然大獲成功，但其根基不過如此。很快還有新的證據表明，滿軍實力確實不夠強大。

吳三桂之亂

清朝攻下北京約三十年後，昔日引清兵入關滅明的吳三桂起兵叛亂。很早以前，吳三桂就是遼東一帶身經百戰的沙場宿將，為清朝滅明立下了汗馬功勞。清兵入

關以後，吳三桂成為清軍的先鋒，幫助清軍平定中原，最終被封為雲南藩王。1673 年年末，吳三桂起兵叛亂。雖然此時的吳三桂已是年逾七旬的老人，但他的叛亂仍對清政府造成了沉重的打擊。吳三桂畢竟是個身經百戰的老將，他的麾下亦有眾多身經百戰的大將。舉兵之後，叛軍很快便從雲南打到貴州，又一路打到湖南。當時因投降清朝且滅明有功被分封為王的，除了雲南吳三桂，還有福建耿精忠和廣東尚可喜。吳三桂聯合耿精忠和尚

吳三桂

可喜一同造反，使南方大亂。湖南失守後，清朝急派大
軍前往平亂。可攻取明朝時戰功纍纍的大部分將領、皇
族已經不在人世，朝中竟無名將可與吳三桂抗衡。因此，
清兵每遇吳三桂就四處逃散，狼狽不堪。那清朝是如何
平定這場叛亂的呢？一方面，吳三桂年事已高；另一方
面，吳三桂因久經戰事變得異常謹慎。自從攻下湖南洞
庭湖畔的岳州，他便未從岳州挺進湖北一步。當時，四
川至陝西一帶皆已響應吳三桂起兵反清。如果吳三桂能
夠乘勢取湖北、入中原，與清朝背水一戰，天下大勢如
何猶未可知。只可惜他太過小心，不敢邁出岳州半步。
而康熙帝自幼機敏聰穎、精力過人，雖然當時只有十九
歲，卻能坐鎮朝中指揮戰事。他過目八方戰報，再向身
邊大臣下達指令，平均每天批閱三四百件奏疏。因此，
清兵雖然不堪一擊、屢次敗逃，卻因康熙帝指揮有方、
佈署得當，最終不至大敗，得以在吳三桂去世之後，輕鬆
平定大亂。所謂佈署得當，主要指康熙帝對驛遞制度的有
效利用，也可謂當時文明的一大進步。在康熙帝的佈署
下，原本日行五六百里的公文可以日行七八百里。北京
到荊州三千三百八十里地，公文五日可到；北京到浙江
三千三百里地，四日可到；北京到甘肅西部五千里以外
的地方九日可到。也就是説，清朝取勝的一大要素是佈
署得當，而非軍隊實力強大。以漢人之軍治漢人之亂是

康熙帝的一貫方針。征討吳三桂時，清朝所用大將主要
都是漢人，當時立下戰功的也多為漢人。所以，平定吳
三桂叛亂的其實是漢人之師，而非滿人。雖然由此斷言
滿人已經陷入腐敗言之過早，但滿人確非憑藉自己的實
力平定大亂。

康熙帝以後的雍正帝也喜歡任用漢將。岳鍾琪就是
雍正時期大名鼎鼎的漢人名將。曾有書生勸岳鍾琪謀
反，只是岳鍾琪雖驍勇善戰，卻沒有造反的膽子，就把
勸他謀反的人交給清政府懲辦了。

乾隆時代

再下邊就是乾隆帝了。清朝取代明朝已經九十多
年，任用將領的方針也有所改變。乾隆帝十分喜歡任用
滿人。乾隆時期出征立功的也多為滿人。譬如，征戰台
灣、西藏等地，立下赫赫戰功的福康安、海蘭察等都是
滿人。但這些戰功並非憑借強盛的兵力，更多是得益於
當時富裕的財政。也就是說，纍纍戰功全靠乾隆帝對軍
中將士的豐厚賞賜和大力嘉獎，是用錢砸出來的。將士
的封賞到乾隆帝時才變得豐厚起來。而清初時，將士們
即使立下功勳、戰死沙場，也只能有一個孩子享受特殊
待遇——入國子監讀書，封賞十分微薄。明臣洪承疇投

降清朝以後，為清朝定鼎中原立下大功。他雖經略五省，卻也只被授予微不足道的三等輕車都尉^①。按清朝的爵位等級來算，三等輕車都尉不過是二十幾等的爵位。洪承疇如此勞苦功高，也只能得到這等封賞。此外，在平定吳三桂叛亂中立下戰功的漢人名將趙良棟、王進寶等人也僅被授予子爵。乾隆時期，將士的封賞變得格外優厚。譬如，福康安就因立有戰功而越過公侯伯子男，直接被封為郡王。與清初相比，可謂差異巨大。當然，太平盛世如若恩賞不厚，便無人願意奔赴沙場。

此外，乾隆帝經常破格提拔人才。稍有戰功之人一年半載連升幾級是常有的事。乾隆帝以後，清政府百般阻止漢人立功，把機會留給滿人。乾隆帝雖然漢學造詣精深，卻力圖保存滿洲國粹文化，極力抑制滿洲八旗漢化之勢。元朝時期，金世宗完顏雍積極主張保存國粹。不僅太宗文皇帝皇太極極力效仿金世宗完顏雍，就連乾隆帝也對這種行為深以為然，大行國粹主義。譬如，乾隆帝不僅在語言上以漢語譯詞來擴充匱乏的滿文詞彙，編纂滿文字典，還在政治上讓滿人擔任要職。

乾隆帝在位長達六十年。他二十五歲即位，八十五

① 三等輕車都尉，清朝異姓功臣爵位，居於公侯伯子男爵之下，分為三等，一等輕車都尉屬於正三品，二三等輕車都尉屬於從三品。——譯者注

福康安

歲退位。將皇位傳給嘉慶帝以後，他又活了四年左右。
晚年時期，乾隆帝的施政方針愈發寬大，甚至有些放任
自流。退位以後，乾隆帝稱太上皇，和日本的太上皇一
樣開始訓政。近來西太后慈禧訓政就學於乾隆帝。總之，
乾隆帝在世期間，始終把控朝政大權，為政寬縱，放任自
流。從而導致和珅這種貪官權臣當道，政治日趨腐敗。
終於，乾隆末年到嘉慶初年，一場長達七年（到完全平定

共耗時九年）的大規模起義爆發了。

白蓮教之亂

　　白蓮教起義是邪教組織發動的一場起義，波及湖南、湖北、四川、陝西等地。這場起義攪得天下大亂，前後持續七年之久。期間，清政府支出軍費高達一億兩白銀。當時滿洲八旗不堪一擊，將領亦屢戰屢敗。清政府規定，將領打了敗仗要受到嚴懲。但實際上，打了敗仗的將領不僅不會受到嚴懲，還會得到寬大處理。可見這時的清朝早已法制鬆懈，綱紀廢弛。乾隆治下，清朝達到全盛。乾隆帝十分引以為傲，曾親撰《十全記》來誇耀自己的功績——平定蒙古新疆一帶的蠻族準噶爾兩次、征討新疆回教徒一次、攻打四川以西的金沙江一帶兩次、平定台灣一次、出兵安南一次、征討西藏西南的廓爾喀兩次[①]。然而，所謂的這十次勝利只是中國式的勝利。其中，征討廓爾喀不過是廓爾喀入侵西藏時，清朝舉大兵轟趕寥寥無幾的敵兵罷了。到了艱險難行之地，無法攻取之時，清朝便遣使勸敵投降。所謂勝利大都是這種名不副實的中國式勝仗。儘管如此，乾隆帝仍然意

---

① 還有一次是征伐緬甸。——譯者注

得志滿地自詡為「十全老人」。乾隆帝統治時期，清朝國力鼎盛。清政府不得不通過厚賞輕罰，才能使滿人為自己所用。滿洲軍隊的缺點暴露無遺。

　　白蓮教之亂使滿軍缺點暴露無遺的同時，還給後來的清朝埋下了重大隱患。白蓮教之亂與清朝兵力由盛轉衰關係重大，所以即使只是一次起義，也不容輕視。

八旗及綠營的腐敗

　　我們繼續說回清朝的兵制。除前面說過的至關重要的滿洲八旗以外，清朝後來又增設了蒙古八旗和漢軍八旗。禁旅八旗是清朝駐紮在北京城內的旗兵，由二十四旗組成，共有十萬人左右，與日本的近衛兵或者德川幕府的旗本比較相似。駐防八旗是朝廷遣往各地駐防的旗兵。駐防八旗並非各省都有，只是駐守在重要地區，每處約有三千人。除此之外，各省還駐守着由漢人編成的綠旗兵——通常稱為綠營。綠營是各省的常備軍，受駐防八旗監督，負責維持各地治安。白蓮教叛亂爆發時，各省的綠營不堪重用，駐防八旗不堪重用，從北京派來的禁旅八旗也不堪重用。可見清朝常備軍早已腐敗不堪，動亂長年未能平息也在所難免。其實，清朝軍隊的弊病由來已久。自乾隆時期晉封王爵的福康安起，清朝

軍隊的風氣就開始敗壞了。當時的將領只要出征打仗，回來時幾乎人人都富得流油。所以乾隆時期，僅僅平定一場動亂也得耗費巨額軍費。譬如征討金沙江時，清政府就花了七千萬兩甚至八千萬兩白銀的軍費。所以白蓮教叛亂的爆發對於眾將領來說，反倒成了撈錢的機會。也正是因為他們大肆侵吞軍費，動亂才長年不得平息。清朝財政雖然充裕，卻也在七八年後不堪重負。

鄉勇

乾隆帝下來是嘉慶帝。嘉慶帝時，清政府大力整肅綱紀，終於平定了白蓮教之亂。為平定教亂，嘉慶帝重用鄉勇。白蓮教匪來犯時，官兵大量棄城而逃，留下百姓任人蹂躪。於是，湖北隨州的民眾決心團結起來，自己守城。他們燒光城外土地上的莊稼，挖下深壕，採用堅壁清野之法，使連戰連勝的白蓮教匪無法攻下隨州。得知此事後，清政府意識到把當地人民武裝成鄉勇是很有效的剿匪方式，便漸漸開始倚重鄉勇。官軍的將領也動起了歪腦筋。以前，綠營有人戰死，就得向清政府上報戰死人數。禁旅八旗有人戰死，也得向清政府上報戰死之人姓甚名誰，容不得半點弄虛作假。然而，自從啟用民間鄉勇，官軍將領可以隨意捏造臨時招募的鄉勇人

嘉慶帝

數。即使有人戰死，也無須上報。這樣一來，勝敗變得
大有文章可做。既有這等好處，官軍便開始大量招募鄉
勇。由於鄉勇的口糧取於當地，所以官軍只管配發武器。

除防守外，後來鄉勇還參與野戰。野戰陣形非常有
趣。最前排是鄉勇，後邊跟着綠營軍，再後邊跟着來自
京城的禁旅八旗。如果衝頭陣的鄉勇慘敗想逃，後面

的綠營軍就可將逃兵斬殺；綠營兵再撐不住敗逃時，也會被最後邊的禁旅八旗斬殺。久而久之，白蓮教匪也想出了對策。白蓮教匪意識到，親自上陣與鄉勇作戰並無太大意義，便從各地抓來大量俘虜，配給俘虜武器，讓他們替自己作戰。所以，與清政府鄉勇對戰的並非白蓮教匪，而是一群無辜的俘虜。如此一來，兩邊打頭陣的、遭遇最慘的都是當地民眾。由於鄉勇戰死無需正式上報，用來又很方便，清政府便越來越倚重他們。可到後來，諸多弊害也因此產生了。乾隆帝駕崩、嘉慶帝親政以後，清政府認為立有戰功的鄉勇也應受到獎賞，便命令正規軍一律奏報立功的鄉勇將士，以論功行賞。可是，雖然叛亂最終得到平息，卻仍有大部分鄉勇沒有得到應有的獎賞。總之，清朝平息叛亂全靠鄉勇，而非官軍。

鄉勇的出現為清朝兵制後來的變革打下了根基。當時，已有地方官洞燭機先，認識到徵集鄉勇雖然便利，於朝廷大計而言卻極其危險。人們不免會產生一種觀念，認為只要手持武器，人民亦可作戰，官軍並不足為懼。嘉慶時期，叛亂平息以後，清政府以銀兩收繳人民手中的兵器，順利遣散鄉勇，倒也相安無事。與此同時，人們也意識到，清朝以往的兵制早已腐不堪用，急需一場大的改革。

長毛之亂

不久之後，清朝又爆發了長毛之亂。這場動亂發生在距今六十多年前，持續時間長達十五年，規模比嘉慶年間的動亂更宏大，烽火燃及中國十八個省。長毛之亂爆發以後，嘉慶年間顯露出的徵兆成了不爭的事實。簡而言之，平定這場動亂仍然全靠鄉勇。當時，曾國藩、胡林翼、李鴻章、左宗棠等人都因組建鄉勇立下了大功。長毛賊起於廣西，經湖南、湖北，一路直取南京。雖然當時已有江忠源等人所練的鄉勇參戰，但動亂初期的圍剿主力仍為官軍。直到後來，曾國藩才建立了一支能與長毛賊抗衡的軍隊。

曾國藩的湘軍

曾國藩是湖南人，當時已官至禮部侍郎，恰巧因喪母在家丁憂。皇帝對他信任有加，命他在當地招募鄉勇，組織鄉勇。朝廷讓曾國藩練兵只是為了維護湖南地區的治安，而曾國藩練兵也以保衛鄉里為主要目的。長毛賊攻下南京、溯長江而上攻打湖南時，曾國藩所練民兵首次與長毛賊發生了交鋒。兩軍一交戰才發現，鄉勇竟如此勇猛。鄉勇之所以勇猛，是因為曾國藩從一開始

曾國藩

就看透了官軍的腐敗無能，練兵時完全沒有採用官軍的
那套訓練方法，而是依據明朝抗倭名將戚繼光所著兵書
《紀效新書》（日本也曾經翻刻此書，荻生徂徠等人對它
十分歎服）來組建軍隊。曾國藩的友人、朱子學者羅澤
南也參與了鄉勇的訓練，並在其中發揮了巨大作用。羅
澤南在當地擁有眾多門下弟子，便任用自己的弟子作為
軍中將領。而曾國藩也把練兵之事全權交付給羅澤南，
任由他用自己的弟子做軍中將領。羅澤南認為，若借官
軍將領前來練兵，民兵必定會沾染他們的不良風氣，便
沒借用常備軍的任何將領。因此，這其實就是一支完全
沒打過仗的門外漢靠研究書本知識組建起來的軍隊。不
過這支軍隊在戰場上的表現確實值得稱讚。這並非因
為他們武器精良，而是由於軍中將領大多都是同學、同
鄉，相互熟識。雖然鄉勇也是花錢招來的士兵，但其將
士之間卻十分團結。在戰場上，即使官軍爭先潰逃，鄉
勇也鮮有逃兵出現。認識到義勇兵的威力以後，曾國藩
又開始編練陸軍和水師，準備水陸並進征討長毛賊。以
上便是在平定長毛之亂中立下大功的湘軍。

　　這時已有證據表明，鄉勇只聽令於自己的將領，根
本不受清政府指揮。曾國藩率領湘軍一路從湖南打到湖
北，又打到江西，正是八方受敵、處境艱難之時，恰逢
父親去世，就回鄉服喪了。湘軍失去自己的中心領袖以

後，曾國藩部下的將領便各率其部，各自為陣。按理說，
鄉勇既然為朝廷效力，就應該聽令於朝廷。但實際上，
無論是江西巡撫還是新派的將領，但凡朝廷發出的命
令，曾國藩的軍隊一概不予執行。可見，這時的湘軍已
經不受朝廷指揮了。總之，多虧了這支湘軍，曾國藩才
得以最終成功平定動亂。曾國藩、胡林翼等人都是募勇
練兵的知名人物。由於將領憑師友關係調兵遣將，而不
單純以上級身份下達指令，所以這些鄉勇雖然不如聞令
而動的軍隊行事機敏，卻也因為感念將領的恩情奮勇作
戰，最終得以平定大亂。

湘軍水師與太平軍交戰

　　平息長毛之亂以後，這次的鄉勇便無法再輕易解散了。由於動亂波及範圍廣泛，鄉勇先後在湖南省招募湘軍，在安徽省招募淮勇，在湖北省招募楚勇……因此戰事一完，便很難立即收繳兵器，將他們就地遣散。而中國原有的由朝廷發放軍餉的官軍名義上也還存在。所以只好把鄉勇也當作官軍，發放軍餉。自此，清朝不得不開始維持雙重兵制。

洋式武器和戈登將軍

　　早在平亂期間，李鴻章就邀請有名的戈登將軍對鄉勇進行洋式操練。其中尤以常勝軍卓有成效。後來，其他鄉勇也紛紛開始裝備洋式武器。曾國藩去世以後，李鴻章執掌朝政大權。李鴻章堅信，只要裝備洋式武器，就能練出精銳之師。然而，中日甲午戰爭推翻了李鴻章的觀點。按照李鴻章的設想，武器裝備精良又採用西法操練之兵，無論與誰作戰，必能大獲全勝。就連西洋人也認為，這些裝備了新式武器的中國新兵，戰鬥力一定十分強悍。可經過和日本軍隊的一番較量卻發現，李鴻章麾下裝備新式武器之師居然不堪一擊，敗狀慘烈。中國的軍事思想為之一變，開始從根本上進行體制改革，開展新式教育。這就是當下力主變革的新軍之起源。

戰爭中的黃海海戰

袁世凱的新軍

　　中日甲午戰爭結束以後，清政府意識到，以往那種中國式練兵是行不通的。如果只是裝備西式武器，交給洋人防衛海岸，中國便無法擁有真正的軍事實力。中國當下必須聘請日本或西洋士官，由他們對軍隊進行整套西式訓練，編練新軍。着手編練新軍的第一人是大名鼎鼎的袁世凱。袁世凱雖僅以一萬之兵在小站展開訓練，卻取得顯著成效。早在八國聯軍侵華戰爭以前，全國戰鬥力最強悍的就數袁世凱的軍隊。只是八國聯軍侵華戰爭時，袁世凱在山東按兵不動，沒有與外國軍隊交過手，所以也不知道它到底有多強。不過，時人普遍認為，

袁世凱編練的新軍

袁世凱的軍隊是可以與外國軍隊抗衡的。八國聯軍侵華
戰爭結束以後，袁世凱出任直隸總督，開始以數倍於此
前的人數練兵，最終練成了今天的新軍。

留學生士官

新軍的制度與以往略有不同。雖然新軍仍然採用傳
統的募兵制，但招募前和招募後對士兵的要求都大不相
同。以前的士兵都是最下層的無賴之徒。「好鐵不打釘，
好男不當兵」的說法就緣於此。袁世凱訓練新軍與舊式
軍隊截然不同，他儘可能招募能文識字的兵，入伍以後
也會教他們讀書認字。與此同時，中國當局考慮到雇傭
外國士官畢竟不是長久之計，便開始興辦軍事學堂，
派遣留學生到國外士官學校深造，以為日後練兵儲備人
才。如此，中國便有了大量的留日士官生。最近在石家
莊被殺害的吳祿貞就是第一期留日士官生的畢業生。

中國向日本等國派出了大量留學生。然而，這些派
往日本或其他國家的留學生接受國外的新式教育以後，
卻學到很多不利於清朝統治的知識。照清政府的說法，
赴日留學生都成了革命黨。不過，這些人並不是因為赴
日留學才成了革命黨，而是出國留學的學生當中赴日人
數最多，從日本回來的革命黨自然在數量上就多一些。

隨着大量接觸國外新書，留學生們越發覺得，清朝根本不值得他們效力。革命的土壤逐漸形成。之前說過，長毛之亂時，鄉勇不再聽從朝廷派去將領的指揮，而是感念於恩義，只聽命於自己的長官。這時，接受國外新思想的士官回國練兵，傳播革命思想，漸漸培養出了大量革命黨。無事之時，士官們即使有革命思想，也沒有機會表露。一旦士官們想要造反，就會像如今一樣，突然爆發一場大事變。回顧整個過程，清政府以滿洲軍隊為中心，一用漢人，二用義勇，三將義勇兵編入官軍，四練新軍，最終親手培育了這些革命力量。其實如果清政府及早防範，也不是沒有辦法。但如今的局勢終歸是大勢所趨，不可扭轉。今天，武昌起義爆發，引起極大騷動。全世界都為之震驚。但究其根本原因，卻也沒甚麼新奇之處。可以說，清朝兩百多年的政治舉措自然而然地催生了這些革命思想，進而引發了今天的革命。這實在怪不得別人。

第 2 講 財政經濟上的變遷

　　眾所周知，清朝是從滿洲偏隅之地入主中國這個泱泱大國的。那麼清朝入主中國前後，明朝的財政情況如何呢？我們有必要先做些了解。

明末的財政

　　財政問題是明朝滅亡的一大原因。明朝的徵稅方式十分煩瑣。清朝的歲入歲出都以白銀結算；而明朝的歲入歲出除了以白銀結算，還可以用糧米、馬料草等實物結算。一般來說，白銀在中國不具有通貨性質，但明朝真正的通貨卻是白銀和部分紙幣。明朝末年，紙幣大幅貶值，除用於朝廷徵收賦稅和發放薪俸之外，逐漸不再流通。明初，一貫 ①

_____

① 貫，明朝紙幣單位，一貫等於一千文銅錢或一兩白銀，四貫合一兩黃金。——譯者注

紙幣等於一兩銀；到明末時，一貫紙幣竟貶至三釐^①銀。兩下面的單位是錢、分、釐，所以三釐銀只相當於三百三十三分之一兩。也就是說，到明末時紙幣只是名義上的通用貨幣，實際並不流通。不過直到萬曆以前，政府收支都有用紙幣結算的部分。明朝實際流通的貨幣是銅錢和白銀。由於

明朝萬曆帝

① 釐，重量單位，兩的千分之一。——譯者注

銅錢運輸不便，一般向遠處運輸軍費時都會使用白銀，因此白銀佔據着歲入歲出的主要部分。但因為明朝收支還有白銀以外的結算方式，所以今天看來，明朝歲入歲出中的白銀定額才會顯得特別少。

萬曆中期，據戶部官員上奏，政府的歲入和歲出均為四百萬兩左右白銀。到萬曆末期，政府支出急劇攀升，財政變得難以為繼。其中的一大主要原因是日本征伐朝鮮時，明朝出兵造成了龐大的軍費開支。萬曆年間，明朝四處征戰，所耗費用中的最大一項就是出兵朝

明代《平番得勝圖》

鮮的軍費。這場戰爭歷時七年，軍費支出五百八十三
萬兩白銀，其餘附屬費用支出三百萬兩白銀，總共支出
八百八十餘萬兩白銀。這場戰爭對明朝財政影響極大，
成為萬曆以後明朝國力衰弱的一大原因。

　　隨後，滿洲勢力崛起。征伐滿洲成為明朝的一大難
題。僅征伐遼東，明朝就耗去了巨額軍費。以往，朝廷
的歲入和歲出均僅四百萬兩左右白銀。可 1619 年時，朝
廷歲出竟高達一千二百多萬兩白銀。當然，政府的增收
是通過提高賦稅才實現的。到明朝滅亡時，朝廷歲出增
至一千六百七十萬兩。白銀支出增至定額的四倍以上，
朝廷只好課以重稅。最終，內亂四起，明朝在亡於滿洲
之前，先亡在了起義軍的手裡。

清朝初期

　　如上所述，財政問題是明朝滅亡的一大原因。隨後，
清朝入關，取代了明朝。清朝入主中原的一大有利條件
是，不再需要開銷明朝財政中討伐自己的那部分軍費。
如此一來，明朝在萬曆到崇禎年間徵收的重稅便可一併
免除。不過清朝在最開始時並未佔領中國的全部省份，
其歲入水平自然也不及明末，所以清初財政每年都入不
敷出。但滿洲偏安小國的野蠻之人入主中原做了泱泱大

國的皇帝，就好比鄉下窮苦農民突然來到京城有了百萬身家一樣，即使花銷再大，也大不過明朝。明朝末年，皇室開銷巨大。當然，歷朝歷代亡國前無不如此。清朝一方面來自鄉野，另一方面以明為戒，所以皇室開銷很小，財政也十分富裕。清朝入關以後的第二位皇帝康熙帝，曾將明朝龐大的開支與清朝開國以來尤其是自己這一代節儉的花銷進行過對比。

宮廷的節儉

明朝時期，宮廷開銷巨大，宮內每年用銀九十六萬兩。到清朝康熙帝時，宮內用銀不及明朝十分之一，節省下來的都充作了軍餉。明清兩代不僅設有掌管宮中用度的光祿寺，還設有掌管營造工程事項的工部。光祿寺每年送到宮內的用度明朝時期為二十四萬兩白銀，到康熙帝時則銳減至三萬兩白銀。此外，清朝在柴炭、營造修繕等方面也很節儉。工部開銷先是減到二三十萬兩白銀，後來又減至十五萬兩白銀。宮中僕人數量也少了很多。康熙帝在位時，據一個明朝時就侍奉宮中的老太監說，明朝宮中脂粉費用每年高達四十萬兩白銀，順治帝入主北京以後將其悉數廢除；明朝有宮女九千人，更有宦官十萬餘人，由於要給這麼多人供應伙食，一不留

神便容易漏發，所以宮中常有人因此餓死。雖然老太監的描述可能有些誇張，但明朝宮廷情形確實如此。而據康熙帝所說，清朝宮中男女僕人總共不過四五百人。因此到康熙帝時，光祿寺費用才能從明朝的六七十萬兩白銀減至四五萬兩白銀，工部費用也從每年一百萬兩白銀減至十五萬兩白銀。總之，如同鄉下人有了百萬身家一樣，清朝皇宮上下厲行節儉，砍去了很多之前的花銷。所以到康熙末年時，清朝國庫便有了大量存銀。至於庫存數額，卻有許多不同的記載。當然，中國的統計偏差較大是常有的事。據魏源說，雖然康熙帝十分節儉，但 1722 年時清朝國庫存銀不過八百萬兩。還有人說，1709 年時清朝國庫存銀已有五千多萬兩。雖然八百萬兩和五千萬兩相差甚遠，但二者可能都不為錯。或許前者只算入中央財政，後者還加入了地方財政，計算方法不同才導致如此差別。總之，清朝國庫有了存銀是不爭的事實。

如上所述，清朝厲行節儉，力圖減輕人民的負擔。當然，這可能也是因為清朝以外族入主中原，需要在籠絡人心上下功夫。

人丁税的廢除

　　清朝減輕人民負擔的手段之一就是廢除人丁税。人丁税始於明代，與人頭税不盡相同。男子從十六歲到六十歲都會被課以人丁税，且不同地方的税額差別很大。人丁税低的地方，每人只需繳納一分幾釐白銀；人丁税高的地方，每人則要繳納四兩白銀，甚至更多。這種不均衡是明末動亂導致的。總之，每人平均需繳納人丁税二錢 [①]，相當於今天日本的二十五錢左右。1740 年以後，人丁税廢止，改為攤入地税一併徵收。由於是攤丁入地，所以也稱不上完全廢除了人丁税。那為甚麼説它減輕了人民的負擔呢？朝廷原本規定，徵收人丁税時每五年統計一次人丁，對在此期間新增人丁徵收人丁税。但 1740 年以後，五年一度的人丁統計廢止，人丁税開始攤入地税徵收。由於每年的地税是一定的，不會增加，所以人民的負擔自然有所減輕。

雍正帝的財政政策

　　清朝在減輕人民負擔的同時，還設法增加國庫收

---

① 錢，重量單位，一錢等於十分之一兩。——譯者注

入。雍正帝執政雖然僅有十三年，卻在財政方面功績卓著。雍正帝精通禪學，為人嚴肅，喜歡搞密探政治。他當政時還有過這麼一椿逸事。有一天，京城的一位大臣在家裡和朋友玩骨牌時丟了張牌。三四天後，他上朝面聖時，雍正帝恰好問起他那天那個時辰在幹甚麼。這位大臣如實相告，說自己當時正在玩骨牌，不勝慚愧。雍正帝聽後龍顏大悅，直誇他誠實可嘉，還拿出那晚他弄丟的骨牌還給了他。顯然，雍正帝在這位大臣身邊安插了密探。雍正帝喜歡大搞密探政治，但同時他大力整飭財政，在位僅十三年，便使清朝財政變得十分富裕。雍正帝雖然與眾兄弟之間的關係十分惡劣，甚至曾將自己的兄長處以刑罰，但仍是一位非常偉大的政治家。

耗羨歸公

雍正整頓財政、增加收入的一大舉措就是實行耗羨歸公。如果稅款中途減損，必會危及政府收入，所以，地方官在徵稅時會加收一份保險金，以防不測。這份保險金就是所謂的耗羨。在不同的地方，這項附加稅差異巨大。加徵少的地方，像浙江杭州一帶，每兩白銀只加徵四分；加徵多的地方，每兩白銀則加徵二錢。耗羨自古就有，算作地方稅收機構的雜項收入。但實際上，耗

羨收入均被地方官吏私吞。後來，雍正帝嚴令禁止官吏私吞耗羨收入，要求一律上繳中央。朝廷稅收因此平均增加一成甚至一成二三分。作為補償，雍正帝另給地方官吏發放一項補貼，即養廉銀。然而，這並未根除官吏的貪污腐敗。少了耗羨這項額外收入，官吏們自有別的辦法橫徵斂奪，所以百姓稅收負擔依舊沉重。總之，這些措施使清朝的財政收入大幅增加。

捐例和鹽課

自古以來，每逢重大變故，中國朝廷就會賣官鬻爵，謂為捐官。譬如，出幾百兩就給你一個知縣來當。時局動亂之際，捐官之風更是大行其道。雍正帝時，朝廷認為捐官不過是捐個候補，實際能否上任都還兩說，索性每年都開捐例。當時僅靠捐官一項，朝廷每年就可增收三百萬兩白銀。

此外，隨着世道變得太平、人口不斷增長，人們的食鹽消費量也大幅增加。較之清初，乾隆時期每年鹽課增收多達三百萬兩白銀。

關稅

中國在自己的領土內設有關卡。日本德川時代的關

卡主要是為了檢查過往行人，而中國的關卡主要是為了對過往貨物徵收稅費。雖然以前的關稅收入只夠關卡的經費開支，但天下太平、沒有戰亂之時，舟車絡繹，貨物流通，雍正乾隆時期的關稅收入變得十分可觀。這也是雍正末年朝廷收入大幅增加的一個原因。

雍正帝時，國庫歲入約四千六百萬兩白銀，每年都有結餘。雍正末年，國庫結存六千多萬兩白銀。但蒙古、新疆等地用兵花去一半左右。乾隆初期，國庫只剩二千四百萬兩左右白銀。

乾隆時期的全盛

乾隆時期雖然是清朝的一大治世，持續六十年之久，期間卻進行了多次大規模征戰。我們已經講過，這些征戰花費巨大——既因將領們私吞軍費，也因戰爭結束以後朝廷賞賜極其豐厚。總之，乾隆時期的開銷與清初形成了鮮明對比。乾隆帝為將新疆納入中國版圖，用兵花費三千萬兩白銀。可在此之後，國庫仍然存餘七千萬兩白銀。1776 年，長江上游險惡地段大小金沙江流域發生叛亂。朝廷為平亂花費七千萬兩白銀。可同年的上諭中寫道，支出這筆軍費以後，國庫存銀仍有六千萬兩白銀。到 1781 年時，清朝國庫存銀更有七千八百萬兩。

而且乾隆年間,朝廷曾先後四次免除全國地稅。雖然聽來不可思議,但當時的朝廷賬本《賦役全書》上所列的地稅稅額——每年本該上繳朝廷的三千五百萬兩白銀——被悉數免除了四次。此外,清朝每年都會從南方七省往京城運送糧米,這項稅收也曾兩次被乾隆帝免除。實際上,雖然上繳中央政府的地稅免了,但百姓並未享受到名副其實的恩惠,所以乾隆帝的這些做法也頗受爭議。以前,地方官吏徵稅往往任意加派,中飽私囊。地稅全免以後,正稅沒了,附加稅自然不復存在,官吏收入必會大減。然而,實際情況並非如此。政府收入減少確實不假,但地方官吏依舊巧立名目橫徵暴斂。皇帝雖因減免賦稅贏得美名,人民卻沒得到真正的實惠。總之,政府免除稅賦確有其事,國庫收入自然也有所減少。

由於生逢盛世,國庫充盈,乾隆帝十分喜歡四處巡幸。譬如,他曾以帶皇太后領略江南美景聊盡孝道為由,不遠萬里從京城到南京、蘇杭一帶遊玩。乾隆帝一生南巡六次,開支巨大,所到之處還一再減免租稅。六次南巡花費加上此前普免全國地稅、豁免南方七省漕糧,朝廷收入總共減少兩億餘兩白銀。即便如此,1786年清朝國庫存銀仍有七千萬兩。總之,乾隆帝時期的國庫十分充盈。

此外,乾隆帝自恃天下太平、國家強盛,便增發武

乾隆帝南巡，護衛皇駕的隊伍綿延不絕，耗費甚巨

乾隆帝駕臨蘇州

將士卒的薪俸，增補兵力。每年的軍費支出因此增加三百萬兩白銀。當時也有人提出異議。譬如，時任地方官的名臣阿桂就上奏勸阻道:「增支三百萬兩白銀救濟窮困武將，若作一時之計並無大礙，但如果成為常例，每年就得額外支出三百萬兩白銀，對以後的財政會很不利。而且國家收入基本確定，也沒甚麼特別的增收，驟然增加三百萬兩白銀歲出怕是不妥。」可乾隆帝堅持增加武將士卒的薪俸，稱「歲入每年增加五百萬兩白銀，而薪俸增支不過三百萬兩，並無大礙。」

　　總之，清朝開國以來的這一百五十年間，朝廷財政收入不斷增加，清朝進入全盛時期。只是騎在人民頭上的官吏千百年來都一個模樣。百姓既不會因為朝廷的善政過得更好，也不會因為朝廷的惡政過不下去。只要不是連年戰亂，人口數量就會不斷增加。而且在中國這片廣袤的土地上，只要荒地被逐漸開墾，國庫收入就會不斷增加。而國庫收入增加以後，朝廷就會變得奢侈起來，開始大興土木。文學也日漸繁榮，呈現一片粉飾太平的氣象。因此，中國歷朝往往都是在中間的第四五代時達到鼎盛——這並非因為某個帝王特別偉大，只是規律使然。

衰運

　　清朝歷經一百五十年左右進入全盛期，之後便漸漸走向衰落。歷史學家就其衰落原因做過許多研究。研究發現，清朝由盛轉衰的原因錯綜複雜，其中之一是歲出的增加。也就是説，乾隆末年到道光末年六十年歲出的增加，使清朝走向了衰落。

皇族的增加

　　清朝歲出增加的原因之一是皇族的增多。中國皇族人數眾多，太祖高皇帝努爾哈赤叔伯一脈也是皇族，稱為宗室。皇族族譜每十年編續一次，保存在奉天和北京宮殿，滿滿地堆在一個大庫房裡。而太祖高皇帝努爾哈赤祖父的兄弟一脈是準皇族，稱為覺羅。宗室俗稱黃帶子，有繫黃色腰帶的特權；而覺羅俗稱紅帶子，有繫紅色腰帶的特權。清朝皇族數量龐大，剛入主北京時不過兩千餘人，到道光末年卻多達三萬人。這是中國的制度使然，不僅清朝如此，明朝也一樣——明朝末年的皇族數量多達十萬人。總之，清朝皇族人口不斷增加，如今若再統計一番，想必數目更驚人。隨着皇族人口增長，宗室俸祿自然不斷增加，皇室開支也越來越大。不過，中

國宗室的待遇遠不及日本皇族優厚。常有北京宗室願以
每月五元、七元的報酬來日本教授中文。總之，皇族人
數增加使皇室開支大幅增漲，成為清朝歲出增加的原因
之一。

地稅的積欠

　　清朝歲入減少的原因之一是地稅的積欠。地稅積欠
事關重大，這也是清朝所謂的仁政所致。中國每隔十年
左右都會清查拖欠地稅，無望追加的便一概豁免。開此
慣例以後，地方每遭遇災難，便以災情嚴重、無力繳納
為由，陳請朝廷准予延緩，拖上十年等着被一併豁免。
有這等有利可圖的仁政，地稅積欠自然愈發嚴重。康熙
至雍正年間，地稅每年積欠六十萬兩白銀；到乾隆道光
年間時，地稅每年積欠高達二百萬兩白銀。如此一來，
賬面上雖有大量的應收稅款，實際收入卻在不斷減少。
而這都是清朝引以為豪的仁政帶來的結果。譬如，天災
地變時不繳地稅，開墾新地時也不繳地稅等等。直到今
天，清朝仍然根據乾隆帝時期修訂的《賦役全書》徵收
租稅。因此，即使某條河流發了洪水，使沿岸兩個縣城
的面積一個變大，一個變小，兩縣地稅也仍仿照舊例徵
收。而這必將造成面積減少的縣城積欠的地稅增多，面

積增大的縣城卻無需繳納新稅。

　　還有一個看似會造成財政收入減少，實則不然的情況。隨着八旗人口不斷增加，相關開支看似也會攀升，但實際並非如此。與日本德川時代的旗本制度一樣，八旗的總體俸祿是確定不變的。所以即使八旗人口增加，

道光帝

朝廷支出也不會增加。

我們從 1845 年到 1849 年的歲入歲出，就能看出清朝收入的減少情況。清朝歲入定額四千五百零十七萬兩白銀，1845 年時，清朝歲入四千零六十一萬兩白銀；到 1849 年時，清朝歲入減至三千七百零一萬兩白銀。收入大幅減少，支出自然也隨之減少。由於經費支絀，兵餉發放便不按定例，只有七成八成不等。總之在中國，政府很少全額支付應付款項，以至於如有全額支付的情況還會在文書中特別注明。當然，這也是財政收入減少不得已的舉措。以上就是清政府收支的相關統計以及清朝走向衰落的財政原因。

物價的上漲

此外，清政府財政遭受極大打擊與物價連年上漲脫不了關係。距今三四十年前，大名鼎鼎的馮桂芬對清朝的物價上漲做過調查。長毛之亂時，馮桂芬曾派上海士紳手持自己親筆書函，乘坐輪船前往曾國藩的大本營安慶乞求援師。曾國藩展信之後，對馮桂芬讚不絕口，稱「東南大局，不出君一書也」。馮桂芬是中國改革派的先驅人物。如今來到日本的康有為最早提出的變法主張大多取自馮桂芬之說。馮桂芬精通西方數學，絕頂聰

明，曾為一甲及第的進士，後來加入李鴻章幕下充當其
謀士。馮桂芬就物價的上漲做過很多調查，在此我舉例
說明。康熙帝喜好西方學問，曾經命人編纂以介紹西方
數學為主的《數理精蘊》。在《數理精蘊》中，數學題目
裡的物價與編寫此書時的實際物價大體相同。馮桂芬指
出，注意到這點後再讀此書就很有趣。譬如，春秋兩季

馮桂芬

祭祀孔子時，會以羊作為祭品。據《數理精蘊》的題目可以推測，康熙帝時，每頭羊的價格為一錢八分，相當於日本的二十四五錢。而馮桂芬所處時代，一頭羊的價格已經漲至康熙時期的六倍。此外，馮桂芬還在韓桂舲家裡看過一本舊賬本。那是一本順治年間的賬本，當時清朝才剛入主北京。據賬本所載，當時木瓦工匠的工錢一天約二十八文 ①，兒童工錢折半。但道光初年時，木匠的工錢為八十四文，是順治時期的三倍。再到後來的咸豐同治時期，也就是馮桂芬所處的時代時，工錢竟漲至八倍於清初的二百二十文。總之，物價上漲也是造成清政府財政窘迫的原因之一。

銀價的變化

銀價的變化也對清朝整體經濟產生了極大影響。清朝初期，一兩白銀可以兌換七八百文銅錢。可據馮桂芬說，這些銅錢只夠如今銀價的十分之四。也就是說，順治到咸豐年間，銀價翻了一倍，給了清朝財政沉重一擊。此外，清初兵餉是每日五分，相當於日本的六到七錢。長毛之亂爆發以後，鄉勇應時而生，並被設為官軍，

① 文，銅錢單位，一文錢指一枚標準的方孔銅錢。——譯者注

那時的兵餉已經提到每日二錢，相當於日本的二十六七錢。如此一來，每逢浩大工程，清朝都需支出巨額費用。清初黃河氾濫，每次治理需花費一百萬兩白銀。到了道光咸豐年間，每次治理黃河竟需花費上千萬兩白銀。總之，政府花銷日益增加，收入卻未有太大增長。

物價飛漲使清政府財政日益窘迫已經顯而易見。那銀價上漲為何又會造成清朝的財政困難呢？這與清朝的制度大有關係。中國百姓繳納地稅並非全以白銀繳納，還會用銅錢繳納零頭。官府將銅錢兌換成白銀以後，再一併解送北京。假設官府按照銀賤錢貴時一兩白銀折算兩千文銅錢的官定比價徵收稅款（當然，若以銅錢繳稅會有所加徵），隨着銀價越來越貴，銅錢越來越賤，以前兩千文銅錢可以兌換一兩白銀，如今可能需要三千文銅錢才行。這樣一來，政府收入自然大幅減少，給清政府財政造成極大損失。

銀價上漲的原因多種多樣，但主要原因是印度向中國大量輸入鴉片，導致白銀外流。眾多憂國憂民的有識之士大力提倡禁煙，最終引發鴉片戰爭，耗去巨額軍費，也是其中的一大原因。鴉片戰爭以前，清政府在對外貿易中每年都有本幣外流，和日本長崎貿易的情形是一樣的。這種不平衡的貿易使中國國內發生嚴重銀荒，銀價不斷上漲。所以，早在太平無事的道光咸豐年間，

清朝財政就已日趨枯竭。

軍費的增加

接下來我們就要說到近來的局勢了。前面也說過，當前清朝的最大問題就是軍費開支浩繁。由於八旗、各省綠營等傳統官軍不堪重用，清朝只好招募鄉勇。如此一來，朝廷除了要為八旗、綠營發放兵餉，還得給鄉勇發放兵餉。平定長毛之亂時，清政府因為無力籌措軍費，開始徵收釐金稅。

釐金稅

釐金稅是清朝在內地各省設立局卡[①]，對往來貨物徵收的一種過境稅。自開徵以來，釐金稅收入不斷增加，近年來收入高達一千萬兩甚至兩千萬兩白銀。起初，朝廷深知釐金稅是一大惡稅，再三聲明一旦戰事結束就立即停止徵收。可仗打完了，鄉勇卻無法遣散，所以廢止釐金稅一事便不好再提。1894年以後，清朝開始尋求變革，在以往的舊式兵和義勇兵以外，又編練新軍。這支

---

① 局卡指舊時專管商稅的機構。——譯者注

英國東印度公司在印度儲存鴉片的倉庫

英國鴉片走私船

新軍名義上有二十個師團，自然還需要一筆新的開支。雖説綠營和義勇兵力在此期間都有所減少，但軍費在舊有的基礎上還得一加再加。就好比日本的本膳料理[①]，上完本膳，還有二膳、三膳等着要上一樣。

新舊制度的重複

除了軍事經費，清朝的行政經費也逐年攀升。譬如，清朝國子監的經費由朝廷下撥；後來京師大學堂開辦時，便只能另拓財源，維持開支。諸如此類，在原有基礎上興辦各種新式機構，必然會擴大開支，增加歲出。道光末年，歲入歲出定額均為四千五百萬兩白銀，但實際收入和支出都只有三千七百萬兩白銀。中日甲午戰爭時，歲入和歲出翻了一番，約為八千九百萬兩白銀。當然，對外貿易當中增收一千萬兩關稅、鹽稅增加等都是朝廷增收的原因。總之，道光末年到現在十八九年間，朝廷的歲入和歲出均翻了一番。近來，清朝全年收支均

---

① 本膳料理是日本傳統料理，多用於婚喪嫁娶等正式場合。膳是一種四腳托盤，用來給客人上菜。本膳料理一般由本膳（第一道菜）、二膳（第二道菜）、三膳（第三道菜）組成，更鄭重的場合還會提供與膳（第四道菜，由於「四」與「死」同音，故避開四膳，稱「與膳」）、五膳（第五道菜）。——譯者注

高達三億萬兩白銀，可見財政膨脹多麼嚴重。日本財政
雖然也在不斷膨脹，但明治維新以後，財政政策早已煥
然一新。近來財政依舊吃緊，政府上下不得不厲行節
儉。即便如此，仍然有人主張整頓稅制。反觀中國，財
政收支從四千幾百萬兩白銀增至八千幾百萬兩白銀，如
今更是高達三億萬兩白銀。清朝財政膨脹如此嚴重，卻
仍舊採用以往那套財政政策，不見任何革新整頓。

　　還有一點值得注意的是，縱觀中國歷史，每個王朝
即將走上末路時都會發生一個現象，建國初期較之地方
財政比例很小的中央財政，會在末路前夕極度膨脹，其
中尤以皇室開支最嚴重。這幾乎成了千古不變的鐵律。
明朝末年就是如此。明朝歲入定額四百萬兩白銀，明末
時期增至一千六百七十萬兩白銀，其中大部分都被用於
皇室開支。譬如，1599 年明朝太子大婚時，朝廷下詔
稱需要兩千四百萬兩白銀。可當時即使把戶部翻個底
朝天，也拿不出那麼多錢。於是，皇帝便令人嚴查各省
積銀。中國自明朝以來，各省都有幾十萬兩的積銀。儘
管制度上規定這些歸地方存留，可朝廷還是將其據為己
有，用來為太子操辦婚禮。後來，中央財政日益膨脹，
皇室直到明末都還十分富有。所以，明朝征伐滿洲兵敗
需要增派援兵，但戶部又拿不出錢時，還曾請求動用幾
十萬兩的皇室財產充當軍餉。總之，中國王朝走上末路

時，皇室財力一般都很雄厚。如今的清朝也不例外。

皇室的資產

如今清朝皇室究竟有多少資產不太好說。但我某天在報紙上看到，據袁世凱調查，清朝皇室的金銀不下幾千萬兩。我覺得這是很有可能的。皇室手頭之所以如此富裕，是因為除常規收入以外，還有很多其他入項，譬如皇室從官吏手中收取的賄賂。通常，賄賂都是官吏向百姓索取的。可在中國，皇室也會帶頭受賄，地方大員幾乎人人都向皇室行賄。尤其在西太后慈禧時期，各地官員為了討太后歡心，更是年年獻禮，而獻禮主要是送錢。此外，知縣等進京接受召見，竟也要由吏部登記入冊，成為升遷考核的標準之一。而要想進京覲見，就得花錢鋪路。如此一來，皇室就會直接從官吏手中收受巨額賄賂，自然會積攢許多與政府收入無關的私產。所以，西太后慈禧手中有個幾千萬兩也不足為奇。

此外，中央政府的費用近年來也大幅增加。1893年財政歲入八千九百萬兩白銀當中，五千三百萬兩都劃歸中央，只留給地方三千六百萬兩。近年，歲入擴大到三億萬兩的情況下，地方財政所得也仍與那時相差無幾。總之，中央政府的經費不斷擴大，佔據了財政收入

老年時期的西太后慈禧

的絕大部分。尤其是 1900 年以來，中國的中央集權更
有日益加強的趨勢，中央財政也因此不斷膨脹。

財政和國運

　　緊隨中央財政收入飆升、皇室收入膨脹而來的，一
般就是王朝的滅亡。清朝的形勢會如何變化，無論從財
政還是兵力方面都很難説，但如果不及時對税收、貨幣

制度加以整頓，從根本上改革財政政策的話，縱使政府以武力成功鎮壓革命黨，不遠的將來，朝廷也依舊會因財政問題而陷入一籌莫展、束手無策的境地。日本也有過一樣的情形。勝海舟伯爵[①]認為，德川幕府的倒台並非因為敗於薩長聯盟，而是由於德川幕府末年時期的財政難以為繼。勝海舟在幕府即將走上末路之時，十分關注政府的財政情況，這點想必給他留下了非常深刻的教訓。從這點來看，如今的中國與當時的日本幕府命運頗為相似，財政終有一天會不堪重負。

　　以如今形勢來看，一週左右清朝估計還是挺得住的。所以，下次我會視到時的情形，來講講清朝的未來走向。

---

① 勝海舟（1823—1899），日本政治家，江戶時期幕府重臣中的開明派，明治維新以後，歷任海軍大臣、樞密顧問官等，因維新功勳受封為伯爵。——譯者注

第 3 講（上）思想上的變遷

　　前兩次演講我們分別從兵力和財力方面，講述了清朝是如何一步一步走向衰落的。今天，我想先講講中國思想從過去到現在的變遷，最後再稍微講講將來之事。近些年來，對清朝來說，中國的思想傾向是很不利的。

　　我將分成兩個方面來講，一是種族觀念的興起，二是尊孔思想的演變。因為本次演講今天就要結束了，所以可能會講得比較粗略，難免有詞不達意的地方，但要點應該是不會遺漏的。

種族觀念的興起

　　清朝時期，中國在世界上的地位發生了極大的變化，而這對種族觀念的興起起了巨大作用。眾所周知，中國是一個自大的國家，一直以中華或中國自居，視其餘國家為蠻夷戎

狄。在中國人眼中，只有中國人才是真正的人，外國人幾與
禽獸無異。而且中國從來不把自己看成是一個國家。中國
人所謂的國家，只指春秋戰國時代的列國，或者漢代以後與
郡國並立的各諸侯國。因此，中國向來自誇境內為天下，認
為普天之下莫非王土。中國位於世界中央，其他國家則環
繞四周，稱為四裔。這種「只有天下沒有國家」的觀念自古
有之，一直未能消除，最終有所轉變還是近七八十年來的
事情。

英國使臣馬戛爾尼伯爵

乾隆末年，也就是距今約一百一十年前，英國曾派馬戛
爾尼伯爵出使中國，要求與中國通商。在來華的外國人中，
馬戛爾尼伯爵是最有見識、最不肯輕易向中國人低頭的一
個。在覲見乾隆帝時，他曾因禮儀問題而與朝廷發生過爭
執。在中國人看來，不管來自哪裡的外國人都是來向中國
朝貢的夷狄。因此，英國使臣也理應遵守中國的君臣之禮，
覲見皇帝時行三跪九叩大禮，也就是對着皇帝三次跪拜九
次叩首，以示最大敬意。然而，這個要求卻被馬戛爾尼伯爵
斷然拒絕。他表示，自己是英國使臣，並非中國臣民，無需
遵守中國的君臣之禮。他還提出，如果中國能派與自己同
等級別的官員，在英王喬治三世的畫像前行三跪九叩大禮，

那麼自己也願向中國皇帝行此大禮。最終，馬戛爾尼伯爵前往熱河，在一個大帳篷裡，與蒙古王公等一起覲見了乾隆皇帝。至於禮儀之爭最終是如何解決的卻不甚清楚，有人說馬戛爾尼行了三跪九叩之禮，也有人說沒有。總之，來華的外國使臣中，如此捍衛自己國家尊嚴的，馬戛爾尼還是頭一個。即便如此，乾隆皇帝回覆英國的國書也仍以「諭英吉利國王」開頭，之後通篇以「爾」稱呼。趾高氣揚的英國使臣馬戛爾尼伯爵得到的回覆，也和夷狄君長得到的回覆沒有兩樣。這是距今一百一十年以前的情形。後來，嘉慶皇帝時也有使者來華，使者待遇仍未見變好。也就是說，中國最後肯承認外國與自己地位平等，其實是對外戰爭失敗的結果。

對外戰爭的失敗

在 1840 年到 1842 年的鴉片戰爭中失敗後，中國才承認外國與自己地位平等，而這不過是距今七八十年前的事。清朝打了敗仗，與英國簽訂條約，被迫開放五處通商口岸。這時，雖然中國方面的記載仍以「撫綏外夷」行文，但條約文本中卻不得不承認中國與外國平起平坐，第一次將中外的同等地位寫在了紙上。後來，英法聯軍北上，京城慘遭洗劫，中國真正意識到了夷狄的強大和可怕。之後，清朝才開始設立處理外交事務的專門機構。而在此之前，清朝的外

交事務都交由理藩院和四譯館處理。理藩院和四譯館主要
負責處理蒙古等藩屬以及緬甸、暹羅等朝貢國的事務。除
此之外，如果洋船抵達廣東，那麼當地官員會酌情處理相關
事務。英法聯軍入侵北京以後，清政府設立總理各國事務衙
門，可謂是中國認同中外同等地位的開端。總理各國事務衙
門簡稱總理衙門，後來演變成外交部。然而，即使在總理衙
門設立後，清朝只是視西洋人為擁有大量軍艦、在沿海虎視
眈眈的大麻煩。不過，它總歸見識到了西洋人的可怕。但同
時，清政府仍認為日本不足為懼。雖然日本派兵攻打台灣，
在琉球實行廢藩，甚至還覬覦朝鮮，但中國並不了解日本的
真正實力，只把日本看成是個事事模仿西洋的東夷小丑，
不知天高地厚的狂妄之徒。直到 1894 年、1895 年慘敗於
日本之後，清政府才認識到，無論國家大小，外國的實力都
不容小覷，中國只是世界上的一個國家，而且是其中最弱小
的一個。從此，中國才真正意識到了外國的可怕，漸漸產生
了變法圖強的主張，形成了同文同種的觀念，也就是種族觀
念。中國終於認識到，夷狄並非自己的附庸，而是不同種族
建立的獨立國家，實力比自己更強大。

因此，中國與外國接觸越早的地方，種族觀念產生得
也越早。也就是說，道光年間鴉片戰爭時期，最先與外國人
接觸的廣東人是最早產生種族觀念的。當然，在歷史上，這
種情況也不是第一次發生。從前敗給外邦時，中國也興起

馬戛爾尼伯爵與蒙古王公準備覲見乾隆帝

簽訂《南京條約》

總理衙門官員

過種族觀念。譬如，在南宋被蒙古滅亡時，人民就有了很強的種族觀念，直到最後還頑強抗爭。縱觀歷史，雖然中國發生過無數次革命，但之前的政權被推翻時，人民大都投降，很少堅持抵抗。然而，宋朝滅亡時，人民卻進行了前所未有的殊死抵抗。這表明，不願被蒙古滅國的種族觀念興起了。後來，南明被清朝滅亡時，人民同樣拼死抵抗。如此看來，外國入侵、中國戰敗時，種族觀念很快就會興起。然而，等到強盛後，中國卻好了傷疤忘了疼，立即以天下自居。清朝也不例外。入主中原後，它很快便輕視四夷，而如今遭遇失敗後，種族觀念才再度興起。由於滿人是以夷狄的身份入主中原，中國又是在其統治下被迫打開國門，所以，現在中

國的種族觀念其實有着雙重含義。

雙重種族觀念

　　所謂雙重種族觀念，一方面是整個中國對外國產生的種族觀念，另一方面是回顧明亡於清的這段歷史時漢人對滿人產生的種族觀念。中日甲午戰爭以後，許多新書面世，不少舊作被重新刊刻，其中就充斥着反清排滿的思想。在清朝兩百多年間，反滿運動雖然不絕如縷，但經康熙、雍正、乾隆的殘酷鎮壓，曾一度式微，歸於沉寂。日清戰爭以後，隨着清朝國力不斷衰弱，積壓已久的反滿情緒才再度爆發。乾隆時期，含有詆毀滿洲言辭的書籍或者明朝遺民、忠義之士表達對清朝不滿、痛斥滿洲的書籍不僅一律遭到銷毀、禁止出版，而且私藏這些書籍的人還會被處以刑罰，但現在這些書籍卻重見天日，公然買賣印行。這就表明，清朝不僅使人民對外國產生了對立的種族觀念，還使人民對自己也產生了對立的種族觀念。

　　革命軍這次高舉興漢滅滿的大旗，就是近年來種族觀念興起的集中體現。義和團運動時期排斥外國人的思想，今天已經不多見了。如今的革命黨人大多有過留學經歷，深受進步思想熏陶，所以不再仇視外國，而將精力主要集中在內部的種族觀念上。而且外國國力強盛，即使中國人堅

持排外滅洋，也會以失敗告終。當今清朝已是強弩之末，國
力孱弱，所以，隨着種族觀念興起，現在這般土崩瓦解的形
勢便出現了。以上就是清朝在思想上受到的打擊。

尊孔思想的演變

接下來要講的內容可能與清朝的衰亡沒有直接聯繫。
近年來，中國思想界隱約發生了一些非同小可的改變。是
否所有中國人都經歷了這種改變不得而知，但接受新式教
育的階層普遍經歷了這種改變卻是可以確定的。

它就是尊孔思想的演變。尊孔思想說來話長。我們拋
開歷史，只說說最近的情形。道光年間，鴉片戰爭爆發前
夕，一種奇怪的思想在中國學者之間非常流行。該思想就
是尊孔思想。尊孔思想來自公羊學派的主張，興起於距今
八九十年前。《春秋》有三傳，分別是《左氏傳》《公羊傳》
《穀梁傳》。所謂公羊學派就是專門研究《公羊傳》的學派。
公羊學派認為，六經皆由孔子所作，並非孔子修改之前的經
書而成。《春秋》是孔子為改革舊制、創立理想的新制度向
弟子口授而作，處處包含微言大義。《公羊傳》便是對這種
微言大義的闡釋記述，最得孔子真傳。公羊學派奉《公羊傳》
為圭臬，批判其他一切經書。這種論調後經擴大，進一步認
為，凡與《公羊傳》同一時代的、西漢時期的今文經學才是

寧波市鎮海區的孔廟

孔學正宗，東漢以後的古文經學是不可取的旁門左道。古文
經學、今文經學稍微有些複雜。簡單地説，今文就是漢代通
行的文字，也就是隸書，而古文則是指當時已經不再通行的
籀文以前的文字。秦始皇焚書以後，漢初學術復興。伏生
口授的《尚書》就是以當時通行的文字所寫，其他同時期的
經書同樣以隸書寫成。孔子時代通行的文字自然屬於古文，
但到了西漢已經不再通行，因此，便將用漢代通行文字寫的
經書稱為「今文經書」。西漢時期，今文經學被立為官學，
今文經書大行其道。但到了後來，人們從孔子老宅牆壁及其
他地方發現了用古文書寫的經書。西漢末年，有人開始研究
古文經書。因此，到了東漢時期，學者除研究以往的今文經

孔子

書之外，也經常會參考古文經書。隨着《周禮》這種只有古
文版、沒有今文版的經書流行，古文經學也日漸興盛。在
《春秋》三傳中，《左傳》是古文經，《公羊傳》是今文經，所
以研究《公羊傳》的公羊學派被稱為「今文家」，研究《左傳》
一派被稱為「古文家」。這裡的今文與古文之分，是為了區
別西漢和東漢的經學研究，與《尚書》的今文、偽古文並無
關係，這點需要記住。今文家主張今文經學是孔學嫡傳，注

重微言大義，排斥流於章句訓詁的東漢古文經學。而古文家則主張六經自古就有，欲將孔子拉下神壇。古文家認為，古文《逸禮》等都是周公以來就有的經籍，並非孔子刪定後才有。公羊學派則力排此論，極力尊崇孔子，並援引當時十分流行的《緯書》①，稱孔子出生時天降祥瑞，與帝王出世一般無二。這種思想近年來再度興起，盛行於世。如今住在須磨②的維新派主要人物康有為就屬於公羊學派。康有為甚至主張，應該參照基督教，尊奉孔子為教主。總之，極端的尊孔思想對近來的思潮產生了很大影響。

　　不過，有趣的是，康有為主張尊崇孔子的同時，也主張要尊崇諸子。他認為，繼孔子之後，諸子創立了各種新學說，理應享有與孔子一樣崇高的地位。也就是說，康有為提倡尊孔子為教主的同時，也主張繼承孔學的並非只有儒家，諸子百家之學也都源自孔子，不應獨尊儒家。這種說法雖然頗有穿鑿附會之嫌，但近年來卻十分流行。諸子學說的研究也因此發展了起來。

---

① 《緯書》是漢代的方士和儒生依託今文經義宣揚符籙、瑞應、占驗之書。因與《經書》相對，故稱《緯書》。興於西漢末年，盛行於東漢。——譯者注
② 須磨位於日本兵庫縣神戶市。——譯者注

老墨的研究

　　在諸子學說的研究中，老子、墨子的研究最盛行。因
為墨子思想與西方理念存在諸多相似之處，所以墨學研究
盛極一時，墨子幾乎受到與孔子同等的尊崇。革命黨中的

老子

大學問家章炳麟則極端地認為老子高於孔子。他主張，孔
子的學問不乏可取之處，孔子本人亦有經世之才，但在道術
上卻遠不及孟子、荀子。可見，尊孔思想漸趨衰頹。當然，
章炳麟不屬於公羊學派，而是屬於近年來出現的一個批判
公羊學的學派。這個學派主要研究《周禮》《左傳》等古文經
學，章炳麟就極力鼓吹《左傳》。雖然章炳麟的性格很古怪，

孟子

但在東京的留學生中，他卻很有聲望。由他主筆的《民報》
頗受中國學生歡迎。這些都對近來的思潮產生了極大影響，
一味尊崇孔子的思想日漸衰微。

　　如上所述，中國近來的思潮從極度尊孔漸漸走向不甚
尊孔。更不可思議的是，極力主張尊孔的公羊學派，在信仰
上也與孔子漸行漸遠。

佛學研究

　　佛學研究在公羊學者之間十分盛行。這種風氣發軔於
公羊學派著名學者龔定庵。龔定庵潛心誦念大藏經，尤其
推崇天台宗，兼通禪宗、華嚴宗。他對佛教十分虔誠，將之
喻為無上法寶，奉佛典為聖人之言。

　　龔定庵有個朋友魏源，字默深，是《聖武記》的作者，
著名的歷史學家。魏源與龔定庵交往甚密，也是影響力很大
的公羊學者，晚年皈依佛門。楊文會 [①] 在南京金陵刻經處刊
刻的《淨土四經》，也就是淨土宗三經以及華嚴宗《普賢行
願品》的合集，就是由魏源輯錄的。魏源自稱「菩薩戒弟子

---

① 楊文會（1837—1911），中國近代著名佛學家，在佛教研究、佛教傳播、
　 佛典出版等方面做出過巨大貢獻。1897 年，他在南京設立金陵刻經處，
　 從日本搜集底本，刊刻因戰亂散佚的佛教典籍。著有《大宗地玄文本論略
　 注》《佛教初學課本》《十宗略說》等。——譯者注

魏承貫」，為之作序——該序未被錄入《魏源集》。魏源很推崇老子，著有《老子本義》。總之，他與龔定庵一樣皈依佛門，尤其傾心淨土宗。說到這裡，我想起一件與楊文會有關的往事。楊文會，字仁山，住在南京，一生從事刻經事業，與我國的南條文雄 [①] 博士有交往。1899 年，我去南京拜訪過楊仁山，問他心靈的歸宿。他回答道：「信仰歸於淨土，義理學於法華」。魏源所輯《淨土四經》頗受楊仁山稱讚。通過這本書或許可以一窺楊仁山佛教信仰的由來。《淨土四經》的助印捐資者名單中有精通西方數學的學者李善蘭等，還有浙江德清人戴望，這很有意思。著名學者戴望英年早逝，曾經抄寫過龔定庵的文集。他的公羊學思想深受同鄉好友俞曲園 [②] 的影響。俞曲園不僅是近代以來的經學大家，而且對道教抱有濃厚興趣，著有《太上感應篇纘義》。他的研究甚至旁及佛教，為《金剛經》等做了注釋。如此看來，戴望和俞曲園無論在公羊學還是佛學方面，都堪稱上承龔魏之學，下啟後世公羊學者。不難發現，公羊學者兼治佛學

---

① 南條文雄（184—1927），日本佛教學者，真宗大谷派僧人，歷任東京大學講師、大谷大學校長。他曾協助楊文會搜求在日本的中國已佚失的佛經。主要著作有《大明三藏聖教目錄》《梵本般若心經》等。——譯者注

② 即俞樾（1821—1907），字蔭甫，自號曲園居士，清末著名學者。治學以經學為主，旁及諸子學、史學、訓詁學，乃至戲曲、詩詞、小說、書法等。主要著作有《春在堂全書》《古書疑義舉例》《諸子平議》等。——譯者注

章炳麟

並非個別的偶然現象，而是很有淵源，代代相傳 ① 。

　　進入康有為時代，研究佛學的風氣更加流行了。譬如，康有為就自稱研究華嚴宗多年。實際上，公羊學派之外的學者大都熱衷於佛教研究。我認識的學者——前些年去世的文廷式、仍然健在的沈曾植、夏曾佑等都對唯識宗有深入的研究。唯識宗以外，禪宗也很盛行。章炳麟就兼研唯識宗和禪宗。章炳麟認為，中國是弱國，中國人更應潛心研習禪宗，發憤圖強。很多日本人也在研究禪宗，深信禪宗可以培養人的膽識和魄力。總之，近來佛學研究的興起深深影

---

① 　內藤湖南在演講結束後所補內容。——譯者注

響了中國學者。雖然人們仍視孔子為一代聖人，但尊奉孔教的思想卻已經式微。

血氣方剛的中國留學生大量接觸外國新思想後，漸漸開始置中國歷史和傳統思想於不顧，極力主張共和政治。儒家歷來注重「五倫」，「五倫」又以父子、君臣二倫地位最重要。在共和政體之下，君臣關係不復存在，倫理勢必遭到很大破壞。所以，這種敢於無視社會秩序、超越政治層面、觸及倫理的改革，絕非朝夕之功，而是近代思想變遷的結果。當然，在動亂之際，異端邪説、畸形思想橫行的例子在中國歷史上屢見不鮮，譬如長毛之亂就是以基督教的變種為號召而爆發的，但這種事物注定不會長久。

還有一個例證就是各種新奇的婦女運動。在中國的傳統禮教中，婦女運動雖然是不被允許的，但歷史上卻時有發生。譬如，明末時期，有個叫秦良玉①的女將曾經征戰沙場，而長毛之亂時，長毛賊中也有女兵。其實，在中國，不符合禮教的事情是常有的。譬如，中國男人很怕老婆，「懼內」這種專門的詞彙就用來形容這種現象，可見中國女性是十分強勢的。傳統禮教不允許女子拋頭露面，而女子拋頭露面往往發生在社會秩序紊亂、思想發生劇變之時。近七八十

---

① 秦良玉（1574—1648），字貞素，明末女將，戰功顯赫，是中國歷史上唯一一位列入正式傳記的女將。——譯者注

秦良玉

年來，諸多矛盾不斷積累，致使接受新教育的人們思想無不產生劇變。他們這才充當起革命的主力軍，主張建立共和政治，試圖破壞傳統五倫，摧毀原有社會秩序。

　　總之，外部刺激下產生的種族觀念，加上內部的思想變遷，使人們對朝廷的恭敬基本消失殆盡，危機一觸即發。因此，像現在這樣革命一爆發就造成不可挽回的局勢也屬意料之中。不過，這種情況是否會一直持續下去，在孔子倡導下

形成的社會秩序是否會永久被打破卻還是未知的。我認為，
經過一段時期後，未來一定會出現對當今革命思想的反思。
而且我的這種判斷也是有據可循的。由於時間關係，這裡
就略去不說了。雖然未來如何不得而知，但革命在當今中
國愈演愈烈。幼年皇帝真的是生不逢時。清政府在人民心
中的權威盡失。在長毛之亂時，地方官員大都誓死抵抗，如
今卻紛紛棄城而逃。清政府甚至不能像長毛之亂時那樣嚴
懲棄城而逃的官員。隨着革命爆發，清政府陷入岌岌可危
的境地也是在所難免的。

第 3 講（下）結論

　　以上是清朝的過去和現在，接下來再稍微講講將來。

　　人們常拿清朝的時局問題來問我，譬如中國的形勢未來會怎麼樣等。這種問題非常複雜，三言兩語是絕對說不清楚的。接下來，我要參照過去，對中國未來的形勢做幾點判斷。

　　以前的演講只是羅列事實，容不得我高談闊論，接下來的演講則會夾雜一些我的個人見解，還請各位知悉。

　　如果一上來就問我中國以後會怎麼樣，我也不知道怎麼回答，不如就對當下人們的各種觀察以及相關人士開展的工作做一番評論，以闡明我對未來形勢的判斷。

　　革命發生以來，清朝的命運始終處於風雨飄搖之中。清政府不斷頒發詔書，近來擬定了《憲法重大信條十九條》，宣誓於太廟。就在宣誓的第二天，革命軍佔領的漢陽被清軍攻陷，也不知合不合時宜。《憲法重大信條十九條》要把

中國從一個極端專制的國家改造成一個極端民主的國家，君主不再擁有軍事、外交等任何權力，可謂極端之至。接着，攝政王載灃辭職。這樣一來，人們對清朝命運的走向大抵有數了。時局變動引發了日本乃至全世界的熱烈討論，最近備受矚目的是調停議和的主張。

調停議和的主張

雖然在誰和誰之間調停尚說不清楚，但當前的確有一種調停議和的主張。有報紙發表評論，認為現在正是議和的最好時機，卻又說不清楚是誰和誰來議和。總之，一些人認為，議和是當下最好的辦法。我對這種觀點實難苟同，連誰與誰議和、在誰與誰之間調停都搞不清楚，還談甚麼議和？我剛剛說過，清政府宣誓遵守《憲法重大信條十九條》，承諾放棄凌駕於人民之上的任何權力。宣統皇帝的父親也辭去了攝政王的職位，只留一個五六歲的小孩獨坐皇位。試問，是由這個小孩去和革命黨議和嗎？這種議和成立嗎？如果這個小孩真的具有議和能力或者太后在旁輔佐，那麼憲法規定的沒有任何權力的皇帝難道就有議和之權嗎？如果答案是有，那就無妨，但如果答案是無，請問該由誰和誰來議和呢？

宣統帝

袁世凱

　　這樣一來，革命黨的議和對象非北京城裡得勢掌權的袁世凱莫屬了。也就是説，該由袁世凱來和革命黨首腦議和。日本、英國、美國等估計會出面斡旋調停，敦促袁世凱與革命黨首腦和談。清政府名存實亡、形同虛設。各國只能力促勉強據守北方的袁世凱與南方革命黨人和談了。在我看來，這也是徒勞無益的。假使清政府還在，皇帝也居於一國權力中心、與各國君主的地位平等，列強居中調停

清朝末年的袁世凱（中）

尚且可能問題重重，更何況如今的情況是，袁世凱雖然大權
在握，但卻不是清政府的最高統治者，因此，就算他與革命
黨人的和談促成，又有何效力可言呢？如果日本、英國、
美國等真的去做這種調停，那就太荒唐了。這些國家應該
不會做出這種糊塗事，但報紙上是有這種推斷的。

南北分立的主張

此外，有人主張將中國一分為二，維持現在的局面，南
北分治。這也是無稽之談。有的報紙說，日本內閣也主張
南北分治，奉命前往北京的人 [1] 就肩負着這項使命。雖然不
知消息真假，但如果這麼判斷時局就大錯特錯了。我想，日
本內閣應該不會這麼荒唐。

比起上面的調停說，南北分立的主張似乎更有幾分道
理，但南北分立在中國果真能夠成立嗎？中國南有長江，
北有黃河，長江流域是南方，黃河流域是北方。或許有人會
說，兩河之間劃一條線，不就可以南北分立嗎？單從地圖上
看，確實也說得過去，但如果把國家分合看作為在地圖上劃
線那麼簡單的事，就只能說明不懂中國歷史，尤其對中國近

---

[1] 此人可能是指 1908 年到 1913 年擔任日本駐華公使的伊集院彥吉（1864—
1924）。辛亥革命時他力主君主立憲，通過暗中出售軍火給清政府和南方
革命黨等方式，企圖造成南北對立，以便日本從中漁利。——譯者注

代以來的歷史太缺乏了解了。我在其他地方也講到過這一點，今天再來簡單說說。

中國北方指直隸、山東、山西、陝西、甘肅、新疆、滿洲三省和蒙古地區，南方指江蘇、安徽、江西、湖北、湖南、四川、浙江、福建、廣東、廣西、貴州、雲南等省。把中國劃分為南北兩塊，使其各自獨立看似簡單，實則很難。橫跨亞歐大陸的蒙古帝國之所以在元朝末年走向滅亡，其中一大原因就是南方各省的叛亂。在浙江沿海一帶，海盜方國珍最早舉起叛旗。之後，叛亂愈演愈烈，各地紛紛揭竿而起，江蘇有張士誠，湖北、江西、安徽有陳友諒，四川有明玉珍。其間，朱元璋在安徽東部起兵，以南京為根據地，先滅頭號勁敵陳友諒，再攻張士誠，接着揮師福建廣東，佔領南方，最終北上消滅了元朝。當時，元朝的兵力並不弱，山西有王保保鎮守，山東河南一帶有太子愛猷識理達臘鎮守，陝西也有軍隊鎮守。總之，北方地區還在元朝軍隊的控制之下。然而，當明軍揮師北上時，山東旋即失守，河南很快陷落，隨後大都也被攻佔。山西、陝西的元軍紛紛潰散，元朝被趕出了中原。究其原因，就是南方長期叛亂導致元朝財政極度匱乏。那麼，南方叛亂為何會使財力虛竭至如此地步呢？早在唐朝時期，北京附近地區就仰賴從南方運來的糧食。北京成為首都後，當地根本無力負擔政府的開支，只能每年從南方調運錢糧。元朝時期，江蘇的糧食每年經海

道運至京師多達三百三四十萬石，換算成日本單位，差不多折半。此外，湖北、湖南的糧食每年通過運河向北方運送。總之，北京的糧食、經濟都仰賴南方的支持。這種情況始於元朝，明清兩代依然如故。雖然明朝曾經一度停止海運，但以江南之糧供京師之用的局面自元朝以來就未曾改變過。然而，元朝末年，江南叛亂四起，不再向朝廷繳稅納糧。朝廷雖以官職收買叛軍，企圖恢復南糧北運，但叛軍大多接受官職卻不納糧，只有張士誠往北京送過一次十萬石的糧食。這種情形持續了二十年，自然使元朝的處境窘迫不堪。恰在此時，朱元璋平定了南方，然後揮師北上，元朝最終便走向了覆亡。這是元朝的歷史。很多讀中國歷史的人會認為，中國常因北方入侵而滅亡，可見北方更強大。不過，如果深入中國內部仔細分析就會發現，南方收入事關重大。因此，在我看來，假使南北分立，北方能否與南方抗衡尚且是個疑問。

但這種問題仁者見仁，智者見智。我國某個政黨中有個兼治文學的政治家曾在雜誌上撰文說，南方未必就無法與北方抗衡。我們研究問題的出發點是，北方是否能與南方抗衡，而他的疑問則是南方能否與北方抗衡。當然，這或許是政治家的研究方法與我們治學之人的研究方法不同所致，總之，這是兩種截然不同的思路。

形勢的不利

現在，雖然漢陽被官軍收復，但武昌仍然被革命軍控制，南京也落入了革命軍之手。江西的革命軍正奔赴湖北，湖北與江南即將取得聯繫。在不久的將來，進行革命的南方各省就會連成一片。清政府的形勢較之元朝末年更加不利。元朝末年，山東尚有王信率義兵據守，而如今山東態度卻很曖昧，先是宣佈獨立，接着又取消獨立，反覆不定。山西也已經宣告獨立，不再服從朝廷。山西商人以太原府為中心，掌控着北方的所有錢莊，如今，革命軍卻也在此起事。陝西早已不服從朝廷。蒙古也已獨立。朝廷尚可勉強號令的只有直隸和袁世凱的老家河南。直隸有一個決策中心，也就是咨議局，設於離北京不遠的天津。清政府曾想向外國借款征討革命黨人，咨議局對此極力反對。所以，雖然清政府名義上能夠號令直隸，但於事無補。

清政府認為，渡過難關最好的辦法是向外國舉債。不過，雖然清政府想方設法爭取貸款，但沒有絲毫進展。像清朝現在這種情形，估計不會有任何國家瘋狂到願意貸款給它。貸不到款，江南的接濟又斷了，清政府僅憑直隸、河南兩省的財力，必不可能打敗南方各省的革命軍。就算拿出內帑，數目也是有限的。如果各國不橫加干涉，坐視革命軍與清政府一決高下，那麼清政府必敗無疑。

武昌起義中的革命軍

　　或者説，如果外國不加干涉，就算清政府可以號令北方各省，也很難與南方抗衡。究其原因，主要還在經濟方面。1893 年，喬治‧賈米森 [①] 曾做過一項調查。調查數據顯示，南方各省的税收總額為九千九百萬兩白銀，比北方各省多出兩千萬兩，這是財政方面。從貿易方面來看，南北差距也非常大，南方貿易額遙遙領先北方。北方貿易中心天津的

———————————

① 喬治‧賈米森（1843—1920），英國人，先後出任駐台灣代領事、駐滬代理法律事務秘書、代理翻譯、駐九江領事等職。——譯者注

貿易額是六七千萬兩白銀，南方貿易中心上海的貿易額則高達兩億六七千萬兩白銀。也就是說，南方的經濟實力是北方的四到五倍。如果中國南北交戰、並且不受外國干涉，財力薄弱的北方是不可能與南方抗衡的。目前，清政府秘密向外國購買武器，這才成功收復漢陽。然而，如果沒有外國的任何干涉，北方終究不能與南方抗衡。

　　無論是同室操戈進行內戰，還是南北分別建國，這種局面大概都不會持續五年、十年之久。否則，北方的國家就吃了大虧，而南方的國家則撿了大便宜。這是因為，長此以往南方越來越富庶，北方卻越來越凋弊，最終避不開淪為當今波斯的命運。就算袁世凱的目光再短淺，他也不可能接手這種國家。所以，主張南北分立的人是完全不了解中國的。

　　整體來講，中國應該統一。或者清政府復興，或者袁世凱以騙竊之術統一中國，或者革命軍成立共和政府統一中國，總之，中國終將合而為一。即便外國從中干涉，試圖讓中國分成南北兩個國家，北方也不會有人接手。哪怕拱手相送，日本最好也別接手。如果真的有人想接手，那可真是自討苦吃，不切實際。我並不是革命黨的間諜。我在這裡讚美幾句革命黨，也不會馬上就通過無線電傳到中國，幫革命黨重新攻佔漢陽，使北京的朝廷聞風而逃。這些都只是單純的學術性探討。

　　清朝的以後又將如何呢？

將來

　　基於這些事實，清朝的結局已經顯而易見。但在中國，事態的發展一般都不會很快，所以，事情也不會像我所說的那樣迅速有個了結。在此，如果進一步進行預測不僅很難，而且無益。總之，革命黨能否成功不談也罷，革命主義、革命思想的成功卻是必定無疑的。

　　當下很多日本人憂心忡忡，擔心鄰國如果成立共和國，革命思想是否會影響到我國國民。未雨綢繆固然很好，杞人憂天則徒勞無益。即便中國實行立憲君主制，國體也與日本大不相同。日本的維新措施拿到中國也不可能行得通。而且政體選擇屬於一國內政，如果處於神聖同盟[①]時代另當別論，當今這個時代，干涉他國內政已經不流行了。所以，我認為，日本靜觀其變就好，大可不必杞人憂天。天下大勢所趨，終將無可抵擋，幾場戰爭的勝敗必不可能影響大局，這是中國特有的現象。在中國歷史上，戰無不勝卻最終走向覆亡的例子屢見不鮮。項羽百戰未嘗一敗，卻在聲勢如日中天時覆滅。元朝末年也是如此。南下平亂的大將並非總吃敗仗，但元朝最終難逃亡國之命。總之，中國今天的時局

[①]　神聖同盟是法蘭西第一帝國瓦解後歐洲各國君主組成的保守的政治同盟。——譯者注

既是大勢所趨，也是自然規律使然。即使官軍大勝，革命軍大敗，大局也不會改變，革命主義、革命思想必勝無疑。幾百年來的趨勢使然，如今的中國已經到了不得不變的時候。因此，各國大可停止調停干涉，靜待大勢的到來。以上就是我學究式的一點結論。演講到此結束。

責任編輯　　陳　菲
書籍設計　　彭若東
排　　版　　肖　霞
印　　務　　馮政光

書　　名　清史九講

作　　者　〔日〕內藤湖南

譯　　者　武　瓊

出　　版　香港中和出版有限公司
　　　　　Hong Kong Open Page Publishing Co., Ltd.
　　　　　香港北角英皇道 499 號北角工業大廈 18 樓
　　　　　http://www.hkopenpage.com
　　　　　http://www.facebook.com/hkopenpage
　　　　　http://weibo.com/hkopenpage
　　　　　Email: info@hkopenpage.com

香港發行　香港聯合書刊物流有限公司
　　　　　香港新界大埔汀麗路 36 號 3 字樓

印　　刷　美雅印刷製本有限公司
　　　　　香港九龍官塘榮業街 6 號海濱工業大廈 4 字樓

版　　次　2020 年 4 月香港第 1 版第 1 次印刷

規　　格　16 開(147mm×210mm) 368 面

國際書號　ISBN 978-988-8694-56-3

　　　　　© 2020 Hong Kong Open Page Publishing Co., Ltd.
　　　　　Published in Hong Kong

本書由華文出版社授權本公司在中國內地以外地區出版發行。